K.G. りぶれっと No.8

青山学院・関西学院合同シンポジウム

国連の将来と日本の役割

川口順子・佐藤行雄・村田俊一・安井　至
弓削昭子／ルクツォ・ヨゼフ・ムラパ

目次

はじめに

司会　大変お待たせいたしました。ただいまから、青山学院・関西学院合同シンポジウム「国連の将来と日本の役割」を始めさせていただきます。

このシンポジウムは、青山学院創立百三十周年記念と関西学院創立者ランバス生誕百五十周年を記念いたしまして、青山学院・関西学院の共催、読売新聞社、国連大学の後援で開催させていただくものでございます。

まず初めに、青山学院、羽坂勇司理事長からごあいさつを申し上げます。

羽坂　本日の「国連の将来と日本の役割」と題したシンポジウムを、関西学院創立者ランバス宣教師生誕百五十年及び青山学院創立百三十年を記念して、両校の主催、読売新聞社と国連大学のご後援によりまして、ここに開催できますことを厚く御礼申し上げます。またご来場くださった皆様に心より感謝申し上げます。

川口順子内閣総理大臣補佐官にはお忙しい中、ここのところ中東を二往復なされたというお話を今伺いましたが、本日、シンポジウムでお話しいただく先生方と共にお世話になります。ありがとうございます。

共催いたします関西学院も青山学院も、明治の初めに日本のキリスト教禁制が解かれた直後、アメリカのメソジスト派というプロテスタント即ち新教の宣教師たちによって設立された学校でございます。関西学院はランバスによって建てられ、青山学院はスクーンメーカーという女子の宣教師によって建てられました。

現代社会は、広い視野を持った豊かな人間性としっかりとした倫理観を身につけた自立できる人間を求めております。国連をはじめとする国際機関や国際的な場で、青山学院でキリスト教教育を受けた多くの卒業生が活躍し、世界平和の実現のための働きの一部でも担うことができれば、まことに幸いと考えております。私どもが日本の私立大学、あるいはキリスト教学校、また青山学院の教育のより一層の充実のために努力する所存でございますので、今後とも何卒よろしくお願い申し上げます。

司会　ありがとうございました。青山学院、羽坂理事長からごあいさつを申し上げました。

次に関西学院、畑道也院長からごあいさつを申し上げます。

畑　これだけ大勢の皆様が、この青山学院と関西学院の合同シンポジウムにご来場くださいまして、心から感謝いたしております。

関西学院は今年で創立百十五周年、青山学院は百三十年で、青山学院が十五歳兄貴分であります。関西学院は、今年は創立者、アメリカ人宣教師、ウォルター・ラッセル・ランバスの生誕百五十周年を迎えました。

それで、「国連、平和、アフリカ、キリスト教」というテーマで、いろいろな記念行事をしてまいりましたが、それを青山学院が受けとめてくださいまして、こうして両大学の合同シンポジウムが開けることを心から喜んでおります。青山学院に心からの感謝を申し上げます。

そしてまた、川口順子内閣総理大臣補佐官、そして先日、私どもの学長と協定校の調印をしてくださいましたアフリカ大学のムラパ博士、それからパネリストの皆様、皆様のお力のおかげで、関西学院がこの時代の永続的な平和を築く道を探る第一歩となることを信じ、ご参加の皆様に心から御礼を申し上げます。

司会　ありがとうございました。それでは、この後、早速ではございますが、基調講演へと移らせていただきます。

〈基調講演〉

国連改革――なぜ何をいかに実現するのか

司会　本日の基調講演には、外交担当の内閣総理大臣補佐官で、また前外務大臣でいらっしゃいます川口順子様をお迎えしております。

川口補佐官は、二〇〇二年から二〇〇四年までの間、外務大臣をお務めになり、世界各国を歴訪なさいました。また霞ヶ関改革に先がける外務省改革にも大変にご尽力をなさいました。二〇〇四年九月から、外交担当の内閣総理大臣補佐官としてご活躍でいらっしゃいます。

本日のご講演のテーマでございますが、「国連改革――なぜ何をいかに実現するか」です。

国際社会のニーズに応えていない国連

川口　きょうは皆様に国連改革についてお話をさせていただく機会をいただきましたことを大変に光栄に思っております。

先ほどご紹介いただきましたように、テーマは「国連改革――なぜ何をいかに」ということでございます。その「なぜ」か、そして「何を」改革するのか、「どのようにして」実現するのかということを一緒に考えてみたいと思います。

ちょうど二カ月前近くになりますけれども、九月の終わりごろに、私はニューヨークで小泉総理と一緒に、国連の総会に出ておりました。国連総会といいますと、多分、皆様が思い浮かべられるのは、国連総会の会議場で、各国の代表が演説をするということだろうと思います。実はそれは国連総会の中で表の舞台でございまして、それ自体、一週間ぐらいにわたって、ずっと続いていきますけれども、実際はそのときは国連の舞台裏で、さまざまな二国間の会談や多国間の会談・会議が行われているわけでございます。私もほぼ一週間いる間に、朝から、ほんとうに夜十時まで、いろいろな方と二国間の会議をし、そして例えば四つの国、これも後で申し上げますけれども、国連の安保理の常任理事国になりたいと思っている国との会談ですとか、太平洋の島国との会談ですとか、東南アジアのＡＳＥＡＮと国連改革の話をするとか、いろいろなことをやっておりました。そういった形で、国際社会で外交が行われ、実態として少しずつ物事が前進していくということでございます。

まず、「なぜか」ということから始めたいと思います。

一言で言ってしまいますと、現在の国際社会のニーズ、さまざまなものがありますけれども、それに国連が実効性と信頼性をもって応えていないということに尽きると思います。

どんな問題があるかということを考えてみますと、例えば国際テロというのがあります。大量破壊兵器が拡散をしていくという問題もあります。破綻国家と通常は言っていますけれども、政府が機能しなくなってしまった国、例えばソマリア、あるいは一ころのアフガニスタン、そういったような国をどうやって助けていくかという問題もあります。貧困、エイズなどの感染症の広がり、そして開発問題。ちょうど先ほど、手元に配られているこのシンポジウムのプログラムを見ておりましたら、中に、開発問題について国連の一つの機関である国連開発計画（ＵＮＤＰ）というところが、いろいろ書いてあるパンフレットが入っていましたけれども、そういった開発をどうやって進めていくか。そのさまざまな問題に国際社会は応えていかなければいけないわけで、その国際協調を実現していく舞台というのが国連であると思います。その国連が、さまざまな国際社会のやる、行う問題への対応にレジティマシーといいますか、正当性を与えている唯一の枠組みと言っていいわけでして、それが機能していないのではないかと考えられているということです。

国際社会における脅威に対応するために

もう少し丁寧に、では、何で機能しなくなったのかということを見てみたいと思いますけれども、まずご案内のように、国連というのは、戦後、具体的には一九四五年十月に発足をしたわけです。来年で六十周年を迎えまして、この六十年間、人も大きく変わりますが、国際社会も六十年間で大きく変動したということが言えると思います。

一つ例を挙げますと、ずっと国際社会を律していたのは冷戦でありました。この冷戦が、ソ連が崩壊をしたことによって、なくなった。私どもは、アジアでは、まだ一部、その冷戦の構造が残っているということも申していますけれども、基本的に今やソ連はロシアという国家になり、旧東欧諸国も今やＥＵに入るような状況になってきているわけです。

アジア、アフリカということを見てみますと、そのころ、植民地があった。それは非植民地化してなくなったわけです。そして、EUなどのように地域統合が進んでいて、かつてバラバラに国があったのが、一つの実体として動くようになっている。

技術進歩ということを考えてみましても、輸送ですとか、あるいは通信ですとか、驚くような技術進歩があって、その結果として、グローバル化が進んでいまして、日本と外国という感じが非常に減ってきていて、国の間の国境が下がってきて、流通、貿易、これも盛んに行われています。資本もそうですし、人もそうです。そういった中で、今までは国というものが、主要な国際社会を動かすものであったわけですけれども、EUのような連合というのもありますし、またNGOといった小さなグループが国際社会を動かす力にもなってきていると思います。

国連の加盟数を見てみますと、国連が発足した時点で五十一カ国でした。今、実に百九十一カ国、四倍近くになっているわけでして、そのほとんどは発展途上国と言われる国々であります。

ということが、何をもたらしたかといいますと、テロということを考えていただければ、あるいは大量破壊兵器の拡散ということを考えていただければおわかりになると思いますけれども、昔、私たちは何が脅威だったか。それは国と国の間の戦争であった。ですけれども、今は国と国の間の戦争ではなくて、国ではない、何かグループがテロを仕かけるということが現に九・一一で起こったわけであります。感染症も国境を越えて広がっていきますし、国際組織犯罪も国境を越えて広がっていっています。アジアでは、特にマラッカ海峡等の海賊対策ということを、この地域の国々で議論をし、協力をしていますけれども、そういった問題も起こってきている。ですから、脅威の種類というのも非常に変わってきているわけで、じゃ、そういう新しい国際社会のプレーヤーたち、国際社会における脅威、これについて、どのように国際社会が対応できるか。国連がどのようにそれに対応するために変わることができるかということが課題であると思います。

国連が果たす立法的役割

今、安保理で五つの国が常任理事国ということで拒否権も持っているわけですけれども、昔は、言ってみますと、この五つの国がホストとなってパーティーを共催する。その中でいろいろな問題が片づくという形であったと思います。そういう形は、先ほど申し上げたようないろいろなプレーヤーが出てきている中で、現実的ではなくなったということです。今、むしろ共催ホストパーティー型が、言ってみますと、個人がパーティーをホストする。個人というのは、それぞれの国であったりするわけですが、自分が得意な分野、それぞれの国が得意な分野についてパーティーを行って、関係をする国を集め、運動にしていくというような形が増えてきていると思います。

国連自体も、最初に国連の憲章が予測予見をしたような形から、随分違った活動を行ってきています。例えばＰＫＯというのがありまして、これは、どうやって安全あるいは平和の維持という問題に国連として答えが出せるかということを考える中で、特に九〇年代以降は、伝統的な停戦監視というような役割に加えて、さらに人道問題ですとか、ジェンダーの問題ですとか、アフガニスタン等であるような戦った兵士たちを武装解除をして、普通の市民として社会に戻すような活動、あるいは開発をやっていく。そういったＰＫＯのやるべき仕事も広がってきていることになってきています。

国連の活動のそういった役割が変わってきた。国際社会のさまざまな異なる新しい問題に応えて、国連もＰＫＯのような、今申し上げたような形で応えようとしているわけですけれども、さらに加えて、国連のやっている活動の中で新しい要素をもう一つ挙げられると思います。それは何かといいますと、私たちは、立法的な機能だと呼んでいるわけですけれども、安保理がさまざまな決議をつくります。イラクの戦争のさなかに、例えば決議六七八、六八七など、いろいろな決議があって、番号で呼ばれていますけれども、そういった決議、これは何を意味するかというと、決議にもいろいろな種類がありますけれども、それぞれの国に対して、決議に応えるための法律をつくって、それに応えなさいというようなことも国連の役割の一部として出てきているわけです。

例えば九・一一があった、ほんとうに間髪を入れずという直後に、安保理決議の一三七三というのが出ました。それは何かといいますと、テロリストたちに資金の提供をしてはいけないとか、そういったことを決めたわけですが、それを国内で実施をしていくためには、それぞれの国が法律を通さなければいけないということです。大量破壊兵器の不拡散ということが問題になっていますけれども、例えば生物兵器とか、化学兵器とか、そういったものをつくろうとする人たちを支援してはいけないとか、とめなければいけないとか、そういった決議もあります。それに対して、それを実施していくためにも、やはり国内で立法措置をとらなければいけないわけでして、国際社会があることを要求したときに、それぞれの国がそれに応えて、国内で法律をつくるというような役割、立法的な役割、そういったことも国連はやっているわけです。

安全保障の分野ということだけに限定をしないで、さらに目を広げてみますと、京都議定書というのがあります。これは私が環境大臣時代に相当、自分自身で関係を持ったものですけれども、それによりますと、全部の国が参加をしているということではありませんけれども、参加をして批准をした国というのは、温暖化ガス、例えば炭酸ガス等ですけれども、それをどのぐらい減らさなければいけませんということをコミットしているわけですね。そうしますと、それを実施するために、国内でさまざまな措置をとらなければいけなくなる。日本は法律を通したりしていますけれども、それもまさに自分たちのライフスタイルを変えなさいということを、国連の枠内で、京都議定書というのは国連の中でできた条約であり、それに基づく議定書ですから、そういうことも国連はやっている。

もう一つの例を挙げますと、最近、たばこ規制枠組条約ということを日本は批准をしましたけれども、それに基づいて、この中でたばこをお吸いになる方は、あるいはお気づきになられたかもしれませんけれども、今年の十一月一日から、少し過渡期がありまして、来年の六月末までということになっていますけれども、たばこの箱の横のところに「健康のために吸い過ぎに注意しましょう」とか、今までもいろいろなことが書かれていましたけれども、「喫煙は肺ガンの原因になります」という趣旨のことを表示をしなければいけない。これも国際社会で決めたことが我々の生活に影響を与えているということの例だと思います。

例はいろいろあるんですが、配られたパンフレットの中にミレニアム開発ゴールの話がちょっと出ていました。これはいろいろな貧困問題等について、国際的に、例えば幼児の死亡率を減らしましょう、一日一ドル以下で暮らしている絶対的に貧困な人々、この人たちの数を、たしか二分の一に減らしましょう、二〇一五年までというゴールがありますけれども、そういうことも決めているわけで、みんなが努力をする。

ですから、安全保障の分野に限らない、幅広い分野で、国連の役割が現に大きくなってきていますが、今なお、まだ必要としているほどに十分に応えられていないということだと思われます。それが国連を改革しなければいけない理由、国連が実効性をもって、そして信頼性をもって、国連の決めたことが受け入れられるようにしなければいけない。百九十一の国が加盟をしているときに、少数の五つの国が安全保障理事会の常任理事国として拒否権を持っていいんだろうかと。途上国の意見はどのように反映されているんだろうか。あるいは日本のような、あるいはドイツのような、国連ができた後、うんと伸びた国というのは、その中でどのような貢献をすることができるのか。貢献できるような形になっているのか。そういった疑問が世界の中にあるわけです。

国連の「何」を改革するのか

それでは次は、国連の「何を」改革するのかということでお話をしたいと思います。これも非常に広いわけですけれども、幾つか例を考えてみたいと思います。

先ほど、地域の協力というお話を、ＥＵということを申し上げましたけれども、それから海賊対策のお話もいたしました。今、テロについても、それから感染症についても、地域で取り組みが進んでいます。この後でお話があるかもしれませんが、アフリカは、アフリカン・ユニオン（ＡＵ）というものをつくりまして、地域の中のさまざまな紛争について独自で取り組もうとしています。例えばスーダンで問題がありますけれども、それについてもＡＵが、兵隊さんですね、ＡＵの何カ国の国が送って対応しようとしているというようなこともあります。そういった行われている地域協力の取り組みと、これは国連の外で行われているわけですが、それと国連との連携は果たしてうまくいっているんだろうかという問題意識もあります。

もう一つ申し上げますと、先ほど来、貧困ですとか、感染症ですとか、開発とか、そういったことをお話ししていますけれども、国連の取り組みに加えて、世界では、国連と全く無関係とは申しませんが、IMFとか、世界銀行とか、そういう組織がありまして、そういうところと国連本体とのつながり、連携はうまくいっているんだろうかという問題意識もあります。

それから、国連の中に安全保障理事会と並んで、経済社会面を司っている経済社会理事会というのがありますけれども、これが一体、ほんとうにうまく機能しているんだろうかという問題意識もあります。絶対貧困の人たちを二〇一五年までに半減をしましょうというようなことを言っているわけですけれども、じゃ、国連が言っているそういうことを、各国がバラバラに取り組むだけであって、全体として、それを足し上げたときに、ほんとうにそこに行くのかどうか。それをもっと国連として、違う形での取り組みがあるのかどうかといった問題意識もあります。

あと、よく言われることで、国連の機構というのは非常に非効率ではないか。たくさん人がいて、かなり高給を払われている人もいるらしい。それで実際に効率的に仕事をやっているんだろうかということを、私自身も民間企業で七年間、仕事をしましたけれども、その中で一生懸命改革をしている目から見ると、国際機関はほんとうに効率的なんだろうかと思ってしまうところもあるわけです。

それから、日本は、多大な財政的な負担あるいは貢献をしているわけですけれども、そういった日本のような国、あるいは発展途上国も含めて、その国の果たしている義務と権利が十分にバランスしているだろうかということもあります。行財政改革が必要でしょうねという意見も多くあるわけです。

国連の憲章を見てみますと、これはできたときは、実際に発足したのは戦後直後ですけれども、できる段階は、戦争中に議論が行われていましたから、敵国条項というのも入っている。日本の目から見れば、一体何ごとかということでもあるわけです。

安全保障理事会の改革

さまざま、そういった中で改革をしなければいけない点というのがあるわけですけれども、この中で、安全保障理事会の改革が一番重要な、中核的な改革事項だと私たちは思っています。

じゃ、何で安保理の改革が一番中心なんだろうかということで申しますと、国連の役割で一番大事な部分というのは、世界の安全を維持する。そして、平和で安全な国際社会の中で、国々が発展していくようにするということが非常に大事であるわけですけれども、先ほど申しましたように、国際社会の中で、安全の問題、平和の問題、そこに正当性をもって、権限をもって対応することができる唯一の国際機関が国連であり、その中の、この問題を司る安全保障理事会である。ということで、この安保理の改革が一番大事であると考えているわけです。この安保理の改革がうまくできるかどうかということが、国連改革の最大のポイントと日本政府としては考えています。

よく言われる質問の中で、国連について言われる中で、日本は国連中心主義という言葉を使っている。国連中心主義、それと日米安保条約に基づく同盟関係は矛盾するんじゃないんですかという質問があるわけです。これは矛盾をしないということを申し上げておきたいと思います。

日本は、さまざまな取り組みを、後でもうちょっと詳しく申しますけれども、するために、国連と協調してやってきている。これをあらわす言葉が国連中心主義という言葉で、最近、中心主義という言葉はあまり使われませんが、一ころ言われてきた言葉ですけれども、それと日本の安全保障を守るために、これを守ってくれる、安全面について条約を結んでいる唯一の国、これはアメリカで、したがって日本は同盟国と呼んでいる唯一の国はアメリカですけれども、日本の安全、外からのさまざまな武力による攻撃の可能性、そういったものが仮にあったとしたらば、それを一緒に守ってくれる国というのはアメリカしかない。国連が日本を武器を取って守ってくれるわけではない。そういう意味で矛盾をしない。日本は国連と一緒に国際協調して、世界に働きかけていきますし、また日本の安全ということに着目をすると、日米安保条約に基づく日米同盟は大事だということです。

それで、日本は、じゃ、どうやって国連の枠組みの中で、国際協調をやり、国際社会にどのように貢献をしてきたかということを申し上げたいと思います。

日本の国際貢献

なぜ、それを申し上げるかというと、まさにそういうことをやってきたからこそ、日本は安全保障理事会の常任理事国になる資格があると日本は思い、そして世界の多くの国も思ってくれているということであります。

日本がやっている世界に与える貢献の中で大きなことは政府開発援助（ＯＤＡ）です。これはずっと日本は、今まで世界一という記録を過去十年ぐらい持ってきたんですけれども、最近、日本の財政も非常に厳しくなってきたものですから、ＯＤＡを減らしてきて、今、かなり金額的には減っていますけれども、順番から言えば世界で第二位の公的援助の供与国であることには間違いありません。

ただし、若干数字を申し上げますと、ＯＤＡの日本が出している金額は、ついこの間まで、アメリカを抜いて一位だったんですが、今やアメリカは、日本よりも——私の記憶が正しければ——約六割ぐらい多い。非常にアメリカが増やしています。前は、日本が一番目、アメリカが二番目、そしてぐっと差をあけてドイツとか、フランスとか、イギリスという国が三番目、四番目、五番目だったんですけれども、今、ちょっと後ろを見ると、イギリス、ドイツ、フランスの足音がひたひたと聞こえる状況まで迫ってきています。

東南アジアが、今、非常に繁栄をしている。かつてアフリカと東南アジアというのは、経済の発展の度合いからいえば、ほんとうに、どっちかというぐらいの感じであったわけですけれども、今はだれが見ても、東南アジアはぐっと開発が進み、経済発展が進み、アフリカは非常に貧しい状況にある。東南アジアの国々をここまで持ってきた大きな支援の力というのは日本の援助であるわけです。そして、東南アジアの国々も、きちんと正しい政策をとって、投資を入れ、技術を入れ、そうやって人々が一生懸命働いて、発展をしてきたということです。

日本がやってきた、今現在やっているさまざまな支援の中に、この間、アフリカ貿易投資会議というものを私が東京で議長をやりましたけれども、アフリカにどうやって支援をするか。これはここ十年、九三年ぐらいから、日本はアフリカの問題に取り組んでいて、アフリカ開発会議（ＴＩＣＡＤ）という枠組みの中で支援をしてきていまして、これは今や国際社会の中で、アフリカについて議論をするときには、このＴＩＣＡＤの場に触れないではできない。みんな、アフリカの問題というと、ＴＩＣＡＤの会議にやって来ます。前回も、ナイジェリアのオバサンジョ大統領、ケニアのキバキ大統領がお出でになりました。そういった貢献もしてきています。

時間がなくなってくると、肝心のことが言えませんので飛ばしますが、カンボジアの和平とか、東ティモールですとか、アフガニスタン、イラク、中東和平、さまざまなことに貢献をしてきているわけで、その中で日本は幾つかの分野を決めて、例えば改革の問題ですとか、ＤＤＲと言われる兵士を武装解除して、普通の社会に戻していくための努力といったこともやっておりますし、また日本が誇る緒方さん、国連難民高等弁務官事務所（ＵＮＨＣＲ）のトップを長い間、務められて、今、日本国際協力事業団（ＪＩＣＡ）の理事長をしていらっしゃいますが、その方が問題提起をなさった「人間の安全保障」という考え方、これは国が人々を十分に守ることができない現状で、個人に着目をして、その個人をどうやって地域あるいはほかのやり方で守っていけるかということですけれども、これを実施するために、日本は国連の中に基金をつくりまして、累積で二百九十億円の拠出をしています。そのお金を使って、今までに百十件以上のプロジェクトをやっていまして、例えばザンビアでは、難民と地域社会の融合を図りながら、定着をさせる。合わせて地域開発を行うというような取り組みもやっています。

先ほどもちょっと触れましたが、財政的にも日本は誠実に支援をしてきています。日本が今出しているのは二〇％弱ですけれども、これはアメリカを除く、ほかの常任理事国四つありますけれども、英仏露中と、この四つの出している分担金よりも日本一国で出しているのが多い。この四つの合計が一五％強ですし、日本が出している拠出金は二〇％弱ということで、ダントツ、日本は一国で多くのものを出しているわけです。

国連改革の議論をするときによくある議論で、日本が安保理の常任理事国になれないようだったらば、分担金の支払いをとめればいいじゃないかという意見があります。私は、そうは思っていないわけです。まず当たり前のことですが、国連に分担金を出すというのは、国連参加国の義務であるということです。それからもちろん、この分担金の問題については、分担の仕方、これは次は二〇〇六年に見直しがありますけれども、それをどうするかということについて、日本は公平性を確保するように意見を言っていかなければいけない。これはもう当然だと思います。ただ、日本は世界でGNPでいっても第二位の大国であるわけですから、そういった日本の貢献というのは日本の経済力に基づくものであって、国際社会からも、まさに国連を機能させていくために、この分担金というのはなくてはならないものでありますし、国連における日本の発言権、今、日本が常任理事国になりたいということを言うときに、みんなが賛成をしてくれる。私がいろいろ話をした中で、日本が常任理事国になるのは反対であると明示的に言った国は一つだけ、これは北朝鮮だけですけれども、そういった日本が常任理事国になるべきであるという発言が各国から寄せられるということの背景には、今、財政の話も含め、日本が今までやってきた貢献があるわけです。

もう一つ、蛇足的に申しますと、日本の負担率を下げれば、これは必ずどこかの国が増えるということになります。どのようにして、ほかの国に負担してもらうかというのは難しい問題で、例えば日本が減らして、その分を発展途上国がより多くのものを負担することになっていいんだろうかという疑問も、これも考えていかなければいけないということです。

いずれにしても大事なことは、財政貢献に見合う発言力を日本が確保する。支出をしたものに見合う発言力を日本が持つようにする。そして、ますます国連を通じた国際社会への貢献を日本がしていくべきであるということであるわけです。ですから、いろいろな貢献をし、いろいろな発言をし、日本は国際社会の平和の維持、またさまざまな問題に対応するという観点で実績も積んできているし、実力も持っている。世界の国も、それを認めているということであります。

日本は、来年、再来年と非常任理事国、これは選挙で今年の秋に選ばれて、それになりますけれども、そういった形で選挙で選ばれたときだけ、安全保障理事会の理事国になるのではなくて、常に日本はそれだけの力を持ち、貢献もしてきているわけですから、安全保障理事会の常任理事国になる資格があるということを、日本としては考えているわけでして、ですから、そのためには、二十一世紀、現在の現実を踏まえて、日本が安全保障理事会を改革するために大きな力を出していかなければいけないということだと思います。

もう一つ、よく指摘される問題ですけれども、安保理の常任理事国になるためには、憲法を改正しなければいけないんではないか。しないといけないというご意見があります。これは私は、そうではない、それは関係がないというか、必要がないと思っています。国際社会の問題を考えてみますと、全部が武力で解決されるわけでは当然にないわけです。日本は平和憲法を持っている。そして、その平和主義の理念のもとで、外交的なアプローチをずっと重視をしてきて、人的な貢献、資金的な貢献、そういったことをやってきているというのは、まさに今までの実績を見れば十分にやってきているわけですから、これまでの事例のように、今の憲法のもとで安保理の常任理事国として十分に貢献することが可能だと思います。

「どのようにして」改革を進めるのか

「どのようにして」この改革を進めていくのかということをご疑問をお持ちだと思います。

私は、九月に国連で、国連の今、事務総長がハイレベルパネルという世界の有識者を集めて、国連改革を議論する場をつくられまして、日本からは緒方さんがメンバーとして入っていらっしゃいますけれども、国連の総会に行きましたときに、このハイレベルパネルのメンバーの方々と三十分以上、ディスカッションをいたしました。日本はどういう考えを持って、国連の常任理事国になっていくかという説明をして、先方からさまざまな質問があって、それに答えるということをやったわけですけれども、その中で一つありました質問が、じゃ、常任理事国になりたいという気持ちはよくわかるけれども、どうやって、日本は、それを実現するつもりなんですかと。反対する国はたくさんあるでしょう。例えばコーヒークラブと言われるものが、今まで国連には存在していまして、例えばドイツがなると、それはイタリアがドイツを常任理事国にはしたくはないということで、イタリアはコーヒークラブのメンバー……イタリアとか、それぞれの国を、だから、どうと名指しで言うつもりはありませんが、そういうような国が集まったコーヒークラブというのがあります。どこかの国が常任理事国になろうと思うと、どこかの国が、自分はなれなくても、その国がなるのが嫌だという観点で反対をするというようなこともあるわけで、したがって、どういうふうにやるんですかという質問になるわけです。

私は、それに答えて、例えばエベレストというような登らなければならない、登りたいと思っている高い山があります。強い意志があるときには必ず道はあります、と言って答えましたら、みんな笑ってくれて、それはその場で終わったわけですけれども、実際のところ、どうやってやっていくかということは非常に大きな問題であるわけです。

今、さまざまな外交活動を通じて、国連の安保理の常任理事国に日本はなるんだということを言っています。私も外務大臣時代に、いろいろな人に、その話をしました。国連のこの間の場でも、総理がブラジル、インド、そしてドイツ、その国と一緒に我々は常任理事国になるんだという名乗りをあげて、Ｇ４という枠組みをつくって、グループ・オブ・４と言っていただいてもいいかもしれませんが、そこで外務大臣レベルでも会合をいたしました。

また、国連創設六十周年というのが来年ですから、先ほども申し上げましたミレニアム開発ゴールなどが入っているミレニアム宣言、そのレビューをやろうということになっていまして、首脳会談をやりましょうということを日本は昨年から提案をしています。そういった場合でも、国連改革の議論がされる。ほかのこともされますけれども、されるということだと思います。

この間の国連総会で合計百九十カ国が演説をした中で、国連の安保理の改革に触れた国というのは、実に百六十六ありました。そして、その安保理の改革を、日本がなりたいと思っている常任理事国も非常任理事国も両方を拡大するということが賛成だ――これは日本の意見なんですけれども――そういうことを言った国が百九十カ国のうち百十三あります。そして、日本が常任理事国になるといったことを、国の名前を挙げて具体的に賛成だと言った国は五十三あります。前に申しましたように、国を挙げなくても、日本がなることに反対だと言っている国は、私が知っている限りでは一つしかありませんので、国の名前を出さないまでも賛成だという国は多いわけですが、出した国が五十三あるというところまで世界の関心は高まってきているということです。

だんだん時間がなくなっちゃいますけれども、ちなみに、日本について五十三、国の名前を挙げて賛成だと言ってくれたんですが、ドイツがなるべきだと国名を挙げて言った国は三十九、インドは二十八、ブラジルについては二十二ということで、いかに日本の常任理事国入りがサポートを受けているかということがおわかりいただけるだろうと思います。

今後、アナン事務総長がつくっているハイレベルパネルで報告書が出されます。十二月の初めぐらいだろうと今言われていますけれども、その内容はよくわかりませんが、今、いろいろ議論をしていただいていると思います。その報告書を受けて、アナン事務総長が、その次の手段として何を行うかということを見ていかなければいけないと思います。そして、そういうことを待ちながら、さまざまな場で日本は引き続き、国連の改革、なかんずく安保理の改革、そして日本が常任理事国入りする意志と能力を持っているということを言っていきます。

今度、総理がAPECの会合がサンティアゴでありまして、そこで出かけられますけれども、そういった場でいろいろな会談をしますが、そこでもお話をすると思いますし、私はASEANの外務大臣とニューヨークで、国連の改革について話をし、日本がASEANの国々と、朝食を食べながら、かなり突っ込んだ国連改革のディスカッションをしたというのは初めてであったわけですが、それも今後続けていきたいし、あとでASEANの国は、大変にあれはおもしろかった。非常によかった。今後やりたいと向こうからも言ってきているわけです。あるいはアフリカン・ユニオン、アフリカの国々の会合、さまざまな場がありますけれども、そういったところで国連の改革の必要性、安保理常任理事国に日本が入るということを言っていって、そしてもちろん国内でも、国民の方々の理解をいただきながら、日本にとって望ましい形で安保理に入っていく努力をしていくということだと思います。

おそらくどこかの時点で、これはいろいろなやり方がありますから、何とも予断はできませんけれども、国連の中で決議をつくっていくという動きがある可能性があると思います。その決議の中身はどのようなものになるかというのもよくわかりませんが、そういう決議を通じて安保理の改革、あるいは国連のほかの改革ということをやって、最後は国連の憲章を変えないと、国連の改革、安保理の改革を含めてですが、できませんので、憲章を変えていくということになりますが、憲章を変えていくためには、全加盟国の三分の二の賛成が必要です。その三分の二の中には、今の安保理の常任理事国である五つの国が賛成といって含まれなければいけない。これが一つでも反対すると、これは実らなくなるということであります。ですから、そういったさまざまな役割、活動をしながら、日本は安保理の改革、国連の改革をやっていきたいと思っています。

最後に一つ、申し上げたいと思いますけれども、安保理の常任理事国入りをする。これは決して目的ではない。手段であるということです。日本が安保理常任理事国に入ることによって、日本が国際社会の平和と安定に十分に関与をしていく。そして必要だと思われるルールづくり、これに日本が意思を持って積極的に参加をし、参加をする前に、こういうふうにしたいという考え方をきちんと持つということで、その考え方は日本の個性を生かしたやり方、考え方を国際社会に反映させていく。常任理事国にならなければ、これが選挙で選ばれたときしかできないということであります。ですから、そういう意味で、国際社会の責任ある一員として、日本が安保理の常任理事国になったときに一体何ができるか。何をするつもりか。これは日本が創造的な外交ということを私はずっと外務大臣のときに言ってまいりましたけれども、その創造的な外交をすること、これと同値である。これと同じことであると申し上げたらいいだろうと思います。

〈特別講演〉

アフリカの平和と発展を求めて——国際連合の役割

司会　続きまして、アフリカはジンバブエにございますアフリカ大学から、ムラパ学長をお迎えしての特別講演へと移らせていただきます。

アフリカ大学は、ジンバブエのムタレというモザンビーク国境の都市に位置します。源流をたどれば、ともにアメリカ・メソジスト教会によって設立された青山学院、関西学院と同じ、キリスト教信仰に基づく大学でございます。設立は一九九二年、現在、学生数は約千二百六十人、神学部、農学天然資源学部、教育学部など、六つの学部を擁する国際的な大学で、ムラパ学長は大学創設者のお一人でもいらっしゃいます。

なお、アフリカ大学は、先の十一月十日に関西学院大学と言語・教育などの交流協定を締結したばかりでございます。

ムラパ学長は長年にわたり、アフリカの経済・社会開発に多方面で貢献されていらっしゃいます。ユネスコ、ユニセフ、ＵＮＤＰなど、さまざまな国際機関の事業にも参画され、またジンバブエの女性や子供の地位向上の問題にも取り組まれていらっしゃいます。

本日の特別講演のテーマですが、「アフリカの平和と発展を求めて――国際連合の役割」でございます。

ムラパ　ご来賓の皆様、ご参加の皆様、まず初めに川口補佐官、非常に雄弁な説得力を持つお話をいただきまして、ありがとうございます。

国連の改革及び効果的な変化が要であるということ。とりわけ安全保障理事会の改革は必要であるということばかりではなく、非常に説得力のある形で、なぜ日本が安保理の常任理事国入りをするべきであるかという話をいただきました。私も全く支持いたします。ムガベ大統領に伝えます。日本を支持する一票を投じるように、大統領に直接申し上げるつもりでございます。

また私としても、アフリカに関するシンポジウムに参加する機会をいただいたことをうれしく思います。そして本日、皆様に「アフリカの平和と開発を求めて」についてお話をさせていただく、とりわけ国連の役割に焦点を当ててお話しいただけることをうれしく思います。

私の本日の役割は、皆様に現在のアフリカのかかわる問題についてお話をすることだと思います。アフリカの豊かさ、多様性、そして二十一世紀の平和と繁栄の可能性について、また壁についてお話をするということだと思います。こういったことは、すべて私が代表するアフリカ大学で日々、私にはね返ってくる問題でもございます。

アフリカ大学は活力に満ちた進化を遂げているアフリカ大陸を映す小宇宙です。アフリカ大学は独立した汎アフリカ高等教育機関でありまして、南部アフリカのジンバブエにあります。アフリカ全土で最初のかつ唯一の統一メソジスト関係の大学であります。誕生してからはわずか十二年であり、比較的歴史は若いものです。姉妹大学である二つの大学よりも若いものではございます。また今回、ご後援いただいておりますす国連大学と比べても若いものでありますが、しかしながら、共通点がございます。

青山学院、関西学院と同様、この両者に関しましては、もう既に百年以上の優れた高等教育をしていらっしゃいますけれども、アフリカ大学もメソジスト派の宣教師によってつくられました。統一メソジスト宣教団の創設百周年を祝いましたジョセフ・プレーン・ハッツェル司教が設立いたしまして、孤児院ですとか、学校、病院のおかげで、何世代にもわたり、アフリカ人が夢に向って邁進をし、家族や地域社会のために豊かな将来をつくるべく努力をし、指導者となってまいりました。私は、この宣教団の中で中等教育を受けました。アフリカ全土の人々と同様に、統一メソジスト教会が私を支えて、現在のような指導者になる準備を手伝ってくれました。

今、私が率いるアフリカ大学は、宣教の地に形成されました。その目標は、青山学院、関西学院の目標、また国連例大学の目標と同じであります。すなわち、アフリカの国々の人的資源の潜在力を十分に活用できるようにしていくということです。

アカシアの木を大学のシンボルに選びました。ロゴとして選びました。なぜそんなにトゲがいっぱいついた木を選んだのかとよく聞かれます。これは頑丈な木ですし、サハラ以外のアフリカ全土に生えている木なのです。動物は、その葉を食料にしていますし、人は木の一部分を使って薬をつくっています。そして、その木陰は暑い日にはとても役に立ちます。アカシアの木がアフリカ大陸の地にしっかりと根を下ろしているのと同じように、アフリカ大学もアフリカに深く根ざすことを目指してまいりました。ふさわしいシンボルと言えましょう。なぜならば、アフリカ大学は、言語、民族、経済の状況や国のアイデンティティーの違いを超えて、アフリカ人を一つに結びつけているからです。固有の知識を文書化し、知的需要を与え、倫理・道徳的な価値観や、キリストの使徒としてのリーダーシップを育み、そして重要な開発上の課題について地域社会と協力をしているからです。

大学の使命は、アフリカ全土から来ている学生や研修生に最高の質の高等教育を施すことです。そして、あの膨大かつ豊かな資源を授けられた大陸の開発のために期待されるリーダーの役割を持たせるように備えていくことです。私どもは、神学、農業天然資源、教育、保健、人文社会科学、経営という六つの学部がございます。

最近、大学に平和・リーダーシップ・ガバナンス研究所が設立されました。これが研究及び研修を提供しておりまして、リーダーシップ、平和、よきガバナンスの分野において、大学院の学位と称号を与えております。

さらに研修活動を行っています。一つは、災害緊急管理研修訓練プログラムです。大陸が非常に惨憺たる危機的な状況に直面しているということに鑑みてのことです。災害緊急管理訓練プログラムの卒業生は、これは大学が一九八八年に短期コースとしてつくったものでありますが、ジュネーブに本部を置く人道的な組織であるアクション・バイ・チャーチ・トゥギャザー・アクトとユナイテッド・メソジスト・コミュニティー・オブ・リリーフと協力して始めたものでありまして、これはスーダンのブルンジとダフールにあります。卒業生が、隣国のチャドの難民に対して食糧や水など、そして希望を与えています。寛容を育み、アンゴラ、ルワンダ、シエラレオーネ、リベリアで和解の努力をしています。パキスタン、スリランカ、インドネシア、パプアニューギニアなどの学生もいます。

研修生、卒業生やアフリカの国々の社会の努力を通じて、そして国連の支援も得て、変化の種が今、まかれつつあります。アフリカは、みずから統治方法を根本的に変えようとしているところなのです。みずから優先順位を決定し、国民の生活の質を向上させようと、みずから努力を始めているところでございます。

平和の構築と人権尊重の分野での前進が見られておりますし、そしてアフリカの指導者たちによる新しい集団的な合意や約束が与えられておりますが、このような変化を示す強い示唆となっております。川口補佐官のほうから、アフリカで今、新しい転換が起こっているということについて触れられたとおりでございます。

過去二年間に、アフリカは人権に関して、その前の十五年よりもはるかに大きな前進を見ることができました。二〇〇二年には、ナイジェリアがリード役となって、幾つかのアフリカ諸国による努力がなされました。アンゴラ、スーダン、コンゴ民主共和国で長期化した紛争を解決するための重要な動きがありました。初めてアフリカの指導者たちが、アフリカ連合の設立及び包括的な経済・政治改革プログラム、アフリカ開発に関する新パートナーシップ（ＮＥＰＡＤ）を採択しました。透明で説明責任のある統治と人権尊重への重要なコミットメントを示したＮＥＰＡＤです。アフリカのピア・レビュー・メカニズム、これは非常に重要なものです。そして、民主主義、政治、経済、コーポレートガバナンス宣言を正式に採択いたしました。

ＮＥＰＡＤ、これは南アとセネガルがアルジェリア、エジプト、ナイジェリアの支援のもとに数年前に行った改革の努力の最終的な具現化でありますが、包括的な多分野にまたがる開発プログラムを提言しています。アフリカの指導者、そして国民、指導者の間のパートナーシップ、またアフリカと西側世界とのパートナーシップを書いたものです。NEPADは、アフリカの指導者が政治的、経済的な開発の責任を担い、一方、先進工業国はアフリカに対して財政的、政治的、戦略的な支援を提供することを提言しています。

NEPADには、効果的な経済開発の前提条件としてのよきガバナンス、平和、安全保障、民主主義への重要なコミットメントが含まれています。もっとも、主な焦点は経済とインフラストラクチャーではございますが。

明らかに我々の希望は、これらのコミットメントが空虚な口約束ではないことを期待しております。こうした構造や合意は、アフリカの内なる責任と自決に向けての新たな動きの下支えとして非常に重要なものです。

アフリカ連合は、その設立以来、アフリカ大陸の国々の社会が紛争を解決し、平和を構築するために何をする用意があるかという意味において、新しい時代が来たということを示してまいりました。もはや手をこまねいて見るのではなく、避難をして、外部の人々がアフリカの問題をリード役を果たして解決するのを待っているのではなく、アフリカ諸国がさまざまな面で独立をして、積極的に行動をしております。川口補佐官のほうから、ナイジェリアのオバサンジョ大統領と、その同僚がスーダンの問題を、またもっと最近ではコートジボアールでの問題の解決のために努力をしているということを触れてくださいました。

ソマリアにおける平和構築におけるアフリカのイニシアティブは非常によい例だと思います。ソマリアは一九九一年以降、政府なしの状況でありました。すなわち、バール政権が覆されたのが一九九一年でありました。それ以降、さまざまな軍閥、党派の内紛が続きまして、ソマリアは事実上崩壊して、無政府状態に陥ってしまったのです。幾つかのアクターによるソマリア危機解決のための試みがいろいろなされましたが、成果はまちまちのものでした。その後で二〇〇〇年にジブチがリードして、地域の和平イニシアティブが生まれました。二〇〇二年十月に、IGAD、これはジブチ、エチオピア、エリトリア、ケニア、スーダン、ウガンダをまとめた努力でありますが、これがソマリア和解会議を主催いたしました。ケニアのエルドレドで開催されました。その後、会談はケニアの首都のナイロビに舞台を移しました。

IGADの努力、これは近くにある懸念を持った隣国が始めたものでありましたが、地域社会をベースとしたアプローチを取りました。そして人々を関与させてのボトムアップの、ソマリアがオーナーシップを持つようなプロセスということで、永続的な政治的な解決を目指すものとなりました。長くかかる大変なプロセスでありましたが、その結果として、今年八月にソマリア暫定連邦議会が発足いたしました。国連のアナン事務総長は、この展開を、長いこと待ち焦がれたソマリアの和平の始まりであると言っていらっしゃいます。

アフリカ諸国は、スーダンにおいても、もう十年以上、同じような努力をしてまいりました。一九九三年からエリトリア、エチオピア、ウガンダ、ケニアはIGADのもとで、スーダンの和平イニシアティブを追求してまいりました。二〇〇四年五月には、この努力が大きな里程標的な点に達しました。すなわち、スーダン政府と主な反乱集団、スーダン人民解放運動（SPLA）との間で、三つの重要な議定書が結ばれました。去年のナビシャのものでありました。ナビシャ議定書は、戦闘中の当事者を包括的な和平協定に一歩近づけたものであります。しかし、多数の問題はまだ残ったままです。

国連は、政府側の民兵がスーダンでは七万人以上殺害し、そして百五十万人の人々を家から追ったと考えています。これはほとんどチャドへと人々は移って行ったのです。このダルフールの危機というのは、世界が注目しました。ハルツームからのアラブの民兵による黒人襲撃は大量虐殺というふうに言われてきました。ダルフールは、まさに最悪の人道的な危機だと、今日の世界でも言われております。少なくともアフリカでは、だれもが。そして国際的な社会でも、だれもが。そして国連も、決してボスニアやルワンダの悲劇を繰り返してはならないと思っています。

そして、我々はその危機が自分たちが対応できるということを示そうと、ナイジェリア、ルワンダ、そのほかのアフリカの国々が部隊を送って、四千五百人をアフリカ連合がラルフールの地域に送ろうとしているわけです。そして、アフリカ連合は、スーダンの政府に対して、また反政府勢力に関して、ナイジェリアの首都のアブジァで話し合いをするようにということを言ったわけです。これは十月二十日でした。そしてAUの議長として、ナイジェリアのオバサンジョ大統領は、アフリカが努力をしている限りは、ほかからの外国からのラルフールに介入はしてはならんということを言っているわけです。そして、職業をなくした人たち、難民を保護し、また支援物を配分し、停戦を実際に可能にするまで、AUは努力をしていく間は介入しないようにと言っているわけです。アブジァでの話し合いといいますものは、平和維持の努力、将来の政治的な交渉の礎となったわけです。

そして、アナン国連事務総長がおっしゃるには、国連は適切なときに、国際平和維持部隊を入れる準備はできている。武装解除、そして民兵の反政府軍の解散、政治的に、将来、主にキリスト教徒であり、そしてスーダンの将来の国民投票へとつなげていきたいということを言っているわけです。ソマリア、スーダンで。

そして、すべてのアフリカで今、多くの人たちが、安定と安全保障、経済・社会の発展・再建の維持のためには平和とよいガバナンスが不可欠だと思っています。平和とよい統治というのは、単に政府の正当性と市民社会へのエンパワーメントにとって不可欠というだけではなくて、今のアフリカの紛争、安全保障危機の泥沼の唯一の解決策だということです。

今、草の根レベルで変化が起きております。そして、それが草の根からアフリカ連合のような組織というところまでサポートするべき事柄であって、それを進めていかなければなりません。ですからこそ、ここで国連が主たる指導的な役割を果たさなければいけないわけです。

国連は、その専門機関の集まりは、アフリカの国々が最も中立で支援をいただける枠組みというものであるということを感じております。その問題というのは、脱植民地化、そして社会・経済の変化という事柄から出てきたこと。そしてまたインフラの改善、人的資源の育成、そして平和維持のための活動です。それに関してすべて、国連のコミットメントというのはアフリカにかかわって、大きな前向きの影響を及ぼしてきているわけです。

アフリカが植民地から独立し、国家と自立していく中で、国連は、その意識としても、物質的な面でも、アフリカの国々を支援してくださってきたわけです。そして国連は、基本的な道具として、グローバル社会のメンバーにアフリカがなっていく枠組みであったわけです。世界人権宣言というような枠組みを含んで、幾つかの国際的な条約があり、道具として使われるもの。つまり、アフリカの人権に関するアフリカ憲章的なものも役に立ってきたわけです。そして実際に活動が行われてきたわけです。国連の平和への努力は、アフリカの国々が大切に資源をむだなことに、体力をそぐような目的に使われるのをとめる上で役立っているわけです。

例えばアンゴラを考えてみたいと思います。資源の豊かな国です。そして二十一世紀の経済分野の牽引力になるような国であるわけです。ですから、国連はアンゴラでずっと活動をしてきたわけです。そして、家を失った人々に食糧を与えて、敵対勢力に対話をさせようと、ずっと国連は努力をしてきました。国連は常に停戦から、和平の合意、武装勢力の武装解除、そして国の再建というところにずっと活動してきたわけです。

国連の平和維持活動が今、十六、世界で活動していますけれども、そのうち七つがアフリカにあります。それはブルンジ、コートジボアール、コンゴ民主共和国、エリトリア、エチオピア、リベリア、シエラレオーネ、西サハラであります。三年前、国連は、最も大きな平和維持活動というのをシエラレオーネでコミットしました。最大の兵力は一万七千人であるわけですけれども、それは許可されている勢力です。

しかしながら、西側諸国がそのお金と、そして兵力を平和維持のためにアフリカに出すということを躊躇している中でも、今年、既に三つの平和維持がブルンジとコートジボアールとリベリアで展開されております。そして、ブルンジでは一万五千人の兵士と、文民警察は千百人が許可されて、十年間も内戦のあったリベリアでも展開することになっているわけです。これはまさに国連の世界で第二の規模の大きな平和維持活動であります。そして今年の九月までには、一万五千六百五十三人が展開しております。そして、もう既に話し合いが行われておりますけれども、これはアフリカ連合のもとに、もう一つの平和維持活動がスーダンへと展開されます。ブルンジ、コンゴ民主共和国、中央アフリカ、そしてまたアフリカ東のスーダン、西側のコートジボアールで平和維持活動は今まさに進行中です。

司法正義なくして恒久的平和なしという理解から、国連はルアンダでの大量虐殺に関する国際刑事法廷を設立いたしました。タンザニアのアルシェに、これはありますけれども、この法廷は進展をしております。多くの我々は、まだこれは遅々としているとは思いますけれども、遅々とした進みでありながらも進展しております。そして、一九九四年のルアンダの悲劇を、その全貌を明らかにし、それにかかわった者、人的な大惨事を起こした者の責任を取ろうとしているわけです。

同じように国連は、もう一つの人類に対する犯罪、これはシエラレオーネですけれども、それに関する法廷をつくりました。これはリベリアの元大統領、チャールズ・テーラーが、その犯罪の罪に問われております。チャールズ・テーラー氏は、今、ナイジェリアに亡命しています。

大きく取り上げられてはいなくても、国連は技能や資源のギャップを同定し、そして変化を確実なものにするために、鍵となる活動をしているわけです。そして、まさにそれで今、転換点へと進んできている。それがアフリカです。例えば難民というのは公共管理であったり、ビジネス企業管理であったり、医療の問題であったり、平和維持であったり、紛争解決の問題であったり、統治の問題であったりするわけですが、国連の統治というのは非常に大きなものです。国連のサポートで、そしてアフリカのいろいろな友人の支援によって、アフリカの政府は一般の投票によって変わらんとしているわけです。

これは、それだけを取っても大変に大きな革命的変化であるわけです。そして、この動きというものは不可逆、もとに戻すことができない民主的な活動への動きであるわけです。そして人権擁護、よいガバナンス、政治プロセスの透明性を特徴とする、もとに戻ることのない民主プロセスへの動きであるわけです。アフリカはその意識をさらに高め、理解をし、参画をするという中で、それは平和、リーダーシップ、ガバナンスへと参画の条件がそろってきているわけです。アフリカのリーダーとして、そのコミュニティーは、そういう問題と経済の発展、社会正義の探求とのつながりということを理解しています。

国連事務総長は常に言っていらっしゃいます。最も高価につく平和も、そのほうが最も安い戦争よりもよいと言っていらっしゃいます。まさに若い人たちは、将来のアフリカのリーダーとしての、そして世界のリーダーとしての人たちを、平和とリーダーシップ、よいガバナンスの概念に触れさせるということは焦眉の事項であります。彼らが将来果たす役割に備えねばならないのです。

そこで、私ども、制度としていろいろな制度や大学がありますけれども、アフリカ大学は大きな役割を果たせるところであるわけです。私は、その大学についてお話をしたいと思うんですが、これは平和・リーダーシップ・統治研究所であるわけですけれども、ここは政治的な民主的なリーダーシップ、ガバナンスの問題に取り組めるチャンスだと考えているわけです。そして、そこは、その訓練をできるところであり、リサーチをするところであり、そして革新的な考え方をし、それは平和とガバナンスの分野で役立てるところであります。そこはユニークなチャンスを国のレベルで、また地域的な中でのリーダーたちが話し合い、参加をするところであるわけです。そして今や、アフリカ・リニューアル・イニシアティブというものがありますけれども、南アフリカ大統領がリーダーシップを取っておられますけれども、それの活動ができるわけです。民主的な環境の中で活動していくために求められる能力といいますものを、そのようなところでしているわけです。

もちろん、いろいろなチャレンジや難問はありますけれども、アフリカは、まさにみずから手綱を取っているわけです。決してそれは簡単ではございません。アフリカは平和へのより高い能力を備え、人権を尊重し、繁栄してくために、その努力をまさにしているわけです。国連は、そのそばで必要なときにサポートをするということをしていただいているわけです。

しかし、まだまだしなければいけないことはございます。もっといろいろなことを学び、共有していかなければなりません。そして、より明るい将来をアフリカ大陸に、そして世界のために知識を書いていかなければなりません。私は、日本の皆様方とともに、恒久的な平和と発展がアフリカにもたらされるように努力していくわけで、既にいろいろなアフリカ大学と青山学院大学と関西学院大学との関係、そして国連大学との関係、それがまさに私どもにとっては勇気を与えるものであります。

〈パネルディスカッション〉
国連の将来と日本の役割

橋本　もう皆さん、それぞれのご専門ですので、できるだけ自分の体験に根ざした形で、国連のあり方をこれから議論していただければなと、そう思っております。

国連が抱えている問題、先ほど川口補佐官から総括的にお話がありました。そして、ムラパ学長からは、私たちがなかなか日ごろわからないアフリカの実情、それに対して国連がどういう役割を果たしているのか、これからどういう役割を果たさなければいけないのかについて詳しくお話をお伺いすることができました。

全体の進め方として、こういうぐあいに進めていきたいなと思っております。まず国連の現状について、さまざま抱えている問題、一体どこに問題があるのか。国連の一体、現状をどう見ているのかというのをまず最初に皆さんにお話をいただく。そして次に、個別のいろいろなテーマについて、それぞれにお話をいただき、議論していただくと、こういうぐあいにしたいと思っております。

それではまず最初に、一体、国連の今の姿をどういうぐあいに見たらいいのかということを、順にお話をお伺いしたいと思います。佐藤さんから、よろしくお願いいたします。

国連は未完成組織

佐藤　それでは私の感じていることを申し上げさせていただきたいと思います。

そもそも国連の話をするときに一番困りますのは、「国連」という言葉で何の話をしているのかがはっきりしないことです。「国連」と言っても色々な姿があります。緒方貞子さんとか、明石康さんの活躍、これも国連の一つの姿です。

しかし、国連総会の世界はこれとは大いに異なります。私が国連にいた当時は加盟国が百八十九カ国（現在は百九十一ですが）、私の相手は百八十八人おりました。その各々が一票を持って、お互いに国益を追求して、せめぎ合っている。これが国連総会の世界です。そこで行われている議論、あるいは駆け引きは、緒方貞子さんがやってこられた難民を助けるとか、明石さんがやってこられたカンボジアの国づくりとかのように良いことと言えることばかりではありません。

例えば国連では、いろいろなことを全て投票や選挙で決めますけれども、公職選挙法があるわけではありませんから、接待自由。多数派工作も食事をしながらということが多く、私は月曜日から金曜日まで、昼も夜も招いたり招かれたりで、国連におりますときに一番使ったのは胃袋という感じがします。その良し悪しは別にして、それが一つの現実であることは間違いがないんです。

あるいはイラク問題をめぐって大問題になった安全保障理事会。これはアメリカ、イギリス、フランス、ロシア、中国という五つの常任理事国が拒否権という絶対的な力を持って牛耳っている世界です。愉快なことではありませんけれども、これも一つの現実です。

ですから「国連」といったときに、国連のどの部分を指しているのかを明らかにして議論しなければばいけないと思います。

それからもう一つ、日本国内で抱かれている国連についてのイメージと国連の現実とは相当違うという感じが私にはいたします。

一言で言って、国連は極めて未完成、未成熟な組織だと私は思います。例えば国連憲章の中核は集団安全保障という考え方で、それを担保する手段として「国連軍」というものをつくることになっていたわけですが、それができていない。そのこと一つをとっても、国連は未完成な組織だと思います。

あるいは第二次世界大戦が終わって来年で六十年になりますけれども、なお第二次世界大戦の戦勝国が安全保障理事会を牛耳っているということも、国連の未成熟ぶりを示すものと思います。また、分担金の問題で日本が、安全保障理事会のアメリカを除く四つの常任理事国の払っている額の合計よりも多く払っているということについても、長年にわたる交渉の結果であり、日本の経済規模の大きさを反映していることとは言っても、これまた国連の未成熟ぶりを示すものではなかろうかと思います。

この二年ほどの間に百回を超える講演を各地でしてまいりましたけれども、国内では、国連憲章がそのまま実現していると思っておられる方が多い。ですから、国連が未完成だとか、未成熟だと申し上げると、「おや？」という顔をされる。日本では、国連を何か神聖なもののように受けとめておられる方が多いような気がします。妙な言い方になりますが、昨年三月のイラク問題をめぐる安全保障理事会の機能不全が、日本にとって良い結果をもたらしたことがあったとすれば、国連を神聖視する傾向が少し壊れたということではないかと思います。

人間に比較すればせいぜい一メートル四十センチか、六十センチ程度の未完成な組織である国連について、二メートルぐらいの巨人のようなイメージを持っておられる方がいますが、そういう方々と、一メートル四十センチの人を五十センチにしようとか、六十センチの人を七十センチに伸ばそうという努力について議論しても、かみ合わないんですね。ですから、国内ではまず、国連の現実を直視することから議論を始めることが大事ではないかと思っています。

イラクとの絡みでもう一点だけ申し上げたいのは、あのときに日本のマスコミでも、「国連イコール国際協調」で、他方、「日米同盟は対米従属」と決めつけた上で、国連と日米のどちらを取るかという議論が行われましたが、国連は国際協調を追求する場ではありますけれども、国連に物を持って行けば、自動的に国際協調が出てくるわけではない。「国連イコール国際協調」ではないということです。現に昨年三月の安全保障理事会の機能不全はまさに常任理事国がアメリカとイギリス対フランスとロシアという二つのグループに分かれて対立したために、安全保障理事会は機能しなくなってしまった。常任理事国には拒否権があるから当然だと言えばそうなんですけれども、安全保障理事会における国際協調は五つの常任理事国が賛成する範囲内でしか実現しない。一国でも反対すれば、国際協調そのものが成り立たない。それが現実ですから、「国連イコール国際協調」という見方だけで考えていると、判断を誤ることがあると思います。

他方で、国連にかわるものはできないと思います。百九十一カ国という、世界のほとんどの国が国連憲章を国際条約のようなものとして受け入れている。だから安保理が認める武力行使には正当性が与えられる。このような国連にかわるものをつくろうと思ってもできないと思います。

大事なことは、国連にかわるものはないという認識に立って、かつ国連は未完成だという理解を持って、国連をいかによくしていくかを考えることだと思います。ちょっと総論的な話で恐縮なんですが。

橋本　ありがとうございました。

今、現実を直視すべきであるということを強調されましたけれども、弓削さんは、国連開発計画という、まさに国連の一番の現場のところで、いろいろな形で活動しておられる。そこから見た今の国連の現状というのはどういうぐあいに映るのかということをお話し願いたいと思います。

「平和」と「開発」――密接に関係

弓削　ご紹介いただきました国連開発計画（ＵＮＤＰ）の弓削でございます。

国連のどの部分ということを佐藤理事長がおっしゃいましたが、私は、国連の現場、途上国の現場の部分が今まで自分が経験してきた部分だと思います。二十三歳のときに、国連開発計画のタイ事務所に参りまして、その後、続けてではないんですが、タイ、インドネシア、ヒマラヤ山脈のブータン王国に合計で十二年間、駐在いたしました。ニューヨークの本部にも勤めましたが、この間経済社会開発分野で途上国の国づくり、人々の生活の改善を支援してきました。

その場合に私が見た国連というのは、まさに開発の活動なんですね。途上国で、その国の政府、その国の人々、また村に行って、村の人たちと話をして、そこの人たちの生活が改善されるために何をするべきかということです。例えばタイの村であれば、飲料水供給のための井戸の手動ポンプの普及と開発ということであり、またブータンであれば、八五％の人口が農民ですから、農民の生活を改善するための野菜づくりのプロジェクトである。以前はブータンで、吊り橋をたくさん建設しました。今まで一日かからないと川のあちら側に行けなかったところに吊り橋をかけて一時間で行けるようにして、保健所ですとか、学校に行けるようにする。そのような現場で、国連職員として仕事をしてまいりました。

その中でいろいろと気がついたことがあるんですが、状況は、どんどんやはり変わってきたと思います。いろいろな国連機関がある中で、一昔前は、それぞれの国連機関がバラバラに、それぞれの専門分野で活動していたということがありました。今ももちろん、それぞれの活動分野はあるのですが、これらの国連機関がもっと一体となって、一つの国連システムとして、連携を取りながら活動しています。途上国の現場では、ＵＮＤＰの常駐代表が国連の開発活動の調整役を担い、国連システム全体をまとめております。そして国連システムとして、その国、途上国の生活、経済社会状況をどうやってよくしていくかということを考え、支援します。これは国連改革の一貫として起こっていることです。

それからもう一つ、これはもう少しマクロな話になるんですが、平和と安全、それから経済社会開発は、従来、国連の活動の中で、どちらかというと、二つの別々の柱と見られておりました。しかし、現実には、この二つの分野は密接に関係し合う一つの太い柱であることを現場で感じました。

どういうことかといいますと、従来から国連開発計画のような組織は開発活動を行っているわけですが、最近は、平和と安全にももっと直接的にかかわっています。つまり平和構築、紛争予防、それから紛争が起こってしまったときには、紛争後の復興開発という、まさに平和と安全と開発を結びつけた形の開発活動を行っております。これは最近変わってきたことだと感じております。

それと関係するのが、安全保障理事会での議論です。国家の安全保障というものと、貧困などと深く関係する人間の安全保障という概念が包括的に考えられるようになってきたということも、一つの変化だと思っています。

それから最後の一点なんですが、国連の活動を現場で見ていますと、国際社会で合意されたこと、例えば「人間開発」、「人間の安全保障」というのはＵＮＤＰが紹介した概念ですが、そのほか、リオ・サミット（地球サミット）の行動計画でも提唱された「持続可能な開発」などの概念が、途上国レベルで推進されている。それから、先ほど川口補佐官のお話にもありましたように、ミレニアム開発目標という国際社会が合意した目標を達成するための活動が、途上国の現場で推進されている。それを国連機関が支援する、後押しするということも起こっています。このように、国連の現場では、いろいろと変革も起こっているということも見てきました。

橋本　それでは次に、安井先生によろしくお願いいたします。

本部がアジアにある唯一の国連機関

安井　お隣におります国連大学というところで、十一階に住んでおります安井と申します。ほかのお三方と違いまして、実を申しますと、国連機関では新米でございまして、まだ一年になっておりません。まず、国連大学というところに移ることになりましたのは、私は環境関係の仕事を大分やってきたことにかかわりがございます。国連大学というのは、ご存じかどうか知りませんけれども、学生はおりませんし、実は教授もおりません。日本に関しては、国連組織で本部がアジアにある唯一の国連機関だなというのが一つの特徴かと思います。

我々が今やっていることは何かといいますと、途上国を中心として、高等教育といいますか、あるいはスキルを磨いてみたり、そういうような教育を受けることが必要な人たちは非常に多いわけですね。一方、教える側というのは、先進国を中心に実はいくらでもいる。その出会いがないのが、おそらく不幸の始まりなんだろうということで、実を言いますと、国連大学は世界中に十六カ所ぐらいの研修所あるいは研究所、あるいはプログラムといったようなものを持っておりまして、そういうところに教育、スキルの向上のようなもの、いわゆる普通の教育よりも職業教育に近いようなものなのでありますが、キャパシティー・ビルディングと呼んでおりますが、そういった教育を受けることが必要な生徒さん、といっても、平均的には三十数歳ですかね。そういう方を集めて、最適なショートコースといいまして、数カ月のコースをつくる。そんなことをやっております。

それ以外にも、学会というものが、ある意味で一つの世界を成しておりますけれども、国連機関全体と学会との連携をどのようにするかというのも一つの我々の役割でございますし、また国連のシンクタンクなんて言ってしまうと、ちょっとあまりに身分不相応で、あまりにも恥ずかしいんですけれども、世界全体で何が一体、ほんとうに重要な課題なんだろうかということを、新しい課題を見つけて、それに対して取り組み方を研究していくといったようなことも、一つの役割だと思っております。

その国連大学でございますが、そこに二つのプログラムが走っておりまして、一つは、今、弓削さんがおっしゃいましたけれども、平和関係。平和と統治のプログラムと申します。インド人のラメシュ・タクールという副学長が、こちらをやっております。私は、もう一つのプログラムでございます環境と持続可能な開発（サステーナブル・デベロップメント）のプログラムの担当でございます。

ただ、ほんとうに国連大学そのものは非常に小さな組織でございまして、私の下で働いてくれているオフィサーといいますが、いわゆる専門家、大学でいえば教授、助教授クラスでございますが、たったの五人しかおりません。それで何をやっているのかといいますと、例えば農業をどのように考えて、特に自然資源をどうやって使うかとか、都市化、特に途上国の大都市化に伴う問題は、どんなものがあるかとか、あるいは途上国が経済発展をしていく途中で、いろいろなリスクがありますけれども、そういうものにどういうふうに対処すべきだとか、あるいは水の話もございましたが、水道をどうやって供給すべきかとか、あるいはまだこれから始めるところでございますが、エネルギー問題が多分、大きな問題になるだろうと。そうなってくると、再生可能エネルギーみたいなものを一体どうやって、途上国に普及させるのが一番いいだろうか。そんなようなことを研究し、それで、そういうことをできたらコースといいますか、教育課程に持ち上げていくというようなことをやっています。

入ってみまして、国連の組織でも異常に小さな組織でございますから、あまり有力ではないのでありますけれども、それでも、やはりほんとうに世界を対象として、こういうことをやって、一体どのぐらい貢献できるだろうというのはまず非常に大きな疑問で、いまだに解はありません。ただ、先ほど来、佐藤さん、弓削さんがおっしゃっているようなことは、やはり例えば国連にかかわる機関があって、そういうところが何か新しいことができるのかというと、多分それもできない。おそらく我々は小さいなりに、持続可能な開発というものを私は個人的には目指すわけでありますが、それは今の地球というのは、実を言いますと、それほど大きいものではなくて、人口が九十億ぐらいになってしまうと、すり減り方もどんどん速くなっていってしまう。できるだけ、地球のすり減り方を遅くしながらも、地球上に住んでいる人類をいかに幸福にできるかというような問題だと思うんですけれども、それにはほんとうに地球上に生きている人間一人ひとりが何を考えて、生活をするのか。そういうことは、やはり国連を中心に何か動いていかなければ解が見つからないのではないかと思いつつ、ほんとうにどうしたものかなと思っております。

先ほどお話のリオのサミットというのは、持続可能性ということに関して一つの大きな進歩を見た会議でございますが、それに続く二〇〇二年のヨハネスブルク・サミットは、実を言うと、それほどでもなかった。その間に行われた京都議定書は、ご存じのように、一応、ロシアが調印いたしまして発効することにはなったけれども、あれがほんとうに有効かと言われると、先進国の一番大きな政権が入っておりませんし、カバーしているのはほんの一部であるということもあって、ほんの第一歩。しかし、これだって、やはり国連がなければ動かなかったろうなと。

ですから、今後、確かに安全保障等、非常に重要な問題もありますが、おそらく地球全体の人類にかかわる問題の解決の中心は国連がやるのかなと思いつつ、さあ、どうしようと、毎日悩んでいるような次第でございます。

橋本　村田先生は、アジア、アフリカ、いろいろなところで実際に活動しておられて、その経験も踏まえての国連の現状をどう見るのかということでお願いしたいと思います。

国連の現実主義、国際機関の複雑性

村田　私は純粋培養の教授ではございませんで、二〇〇二年より、関西学院で教鞭を取っているわけですけれども、二十年間、ウガンダ、エチオピア、スーダン、そして以前、ザイールといいまして、今はコンゴですね。その地域プロジェクト、そしてニューヨーク本部、天安門事件直後の中国、ソ連崩壊後のモンゴル、そしてフィリピン、特にミンダナオのモロ解放民族戦線の平和交渉、そして最後は、弓削さんの後を継ぎまして、ブータン王国の常駐代表を務めました。私の家内も一緒に、そういうところを回っておりました。

国連は機能しているのかだとか、そうではないんだとか、いろいろな憶測が飛んでいると思いますけれども、私自身、一九五三年に生まれたわけです。その年というのは、朝鮮戦争が終結をしまして、それで一九五六年に日本が国連に加盟するわけです。私が三歳のときに日本が国連に加盟をしたということなんです。

いずれにしましても、日本が一九五六年に国連に加盟したということさえ知らない人が多いわけです。私の学生に聞きますと、一九四五年、国連が創設されたその日に日本が自動的に国連のメンバーになったと思っている方々が多いです。これが日本の一般常識の現状であるということを、シェアーしたいと存じます。私は三歳のときには、ユニセフのケアというアメリカの国際ＮＧＯがございますが、そのＮＧＯから配給されたミルクを飲んでいたんです。それでミルクが嫌いになったんですけれども。いずれにしましても、日本も国連のサポートを受けた時代というのがございますし、ご存じのとおり、新幹線は、世銀のローンをいただいて建設作業がスタートしました。そういうことも今、もう忘れてしまっている方が多いのではないかと思うわけです。

いずれにしましても、国連の理想主義というところから国連の現実、国際機関の複雑性というところで話をさせていただきますと、ニューヨークが国連のすべてではございません。弓削さんは国連開発計画（UNDP）東京事務所で、今、お仕事をなさっておられますけれども、また国連大学の本部は日本にございますけれども、ほとんどの国連の職員が輝く仕事の場所は、非常に難易度の高い、ムラパ学長がおっしゃったとおりに3Kの仕事なんです。「危険」で、「汚く」て、非常に「きつい」仕事です。そういうところで初めて、国連の仕事が輝くんです。そこはどういうところかと申しますと、ニューヨークではございませんし、ローマでもございませんし、パリでもございません。最貧国と言われる後発開発途上国（LDC・LLDC）というところで、国連の特に経済社会活動が一番重要視されているところです。

大国のアメリカは国連は必要としているか否かはわからないですけれども、国連が必要とする国々もたくさんあるんです。国連なしでは生きていけないような国もたくさんあるんです。そういう国々を考えますと、国連というところはリッチクラブのメンバーだけが発言権を有する組織ではないということです。国連は――これは私のバイアスかもわかりませんけれども――やはり弱者というものを包括的に援助しながら、援助するほうも、されるほうも、お互いに伸びていくというふうな組織の見方が順当ではないかと考えております。

私の経験から申しますと、今までの国連のパフォーマンス（成果）というのは、どういうところで評価されているのか。これは川口前外務大臣、それから佐藤大使、そして弓削代表等々が言及されておられましたけれども、やはりポリオの撲滅だとか、天然痘の撲滅だとか、SARS等の問題の対処、例えばW

HOが中国にプレッシャーをかけなかったら、SARSのインフォメーションはおそらく流れてはないんじゃないかと、私はそういうふうに確信をしております。

環境問題、安井先生がおっしゃっていました京都議定書、核不拡散、そしてジェンダーの問題、横断的な問題に関していえば、やはり国際機関というのは活躍する場面はたくさんあるのではないか。ジェンダーの問題でも、やはり国際労働機構（ILO）が、賃金の均等というのを、女性にも、同じ仕事をして、どうしてこんなに差があるだろうと。こういうことを国際的なアリーナ（舞台）でぶつけることによって、みんなで考える。それがNGOの活動につながっていく。そして、対人地雷の問題。これはカナダのNGOから国連に上げられて、そして対人地雷廃止という方向に向いました。そして人間の安全保障等々。

そして、政治的なところで国連というのは機能してないんじゃないかとおっしゃいますけれども、南アフリカは、国連が経済的な制裁を加えたり、アパルトヘイトという問題をずっと追及したことで、今の状況があるわけです。目立ちませんけれども。しかし、不断の努力によって、政治的な部門、今、特にガバナンスと言われますけれども、そういったところで新しい活動がまた芽生えている。

最後に、これからのパートナーシップという観点といいましょうか、方向性が、いろいろなところで出てきています。市民活動とのパートナーシップは重要になるでしょう。

そしてもう一つは、私は今、教鞭を取っている立場ですので、少し申し上げますけれども、これは後で申し上げますが、ちょっと紹介します。これは今、学生から借りてきました「世界史B」です。三百二十二ページに、国連の活動が半ページだけ載っております。これが今、高等学校の必須とされる教科書なんです。半ページです。受験には、三百二十二ページに書かれているところまで、学校の先生は消化できないために、二百七十～八十ページで終わるわけです。ということは、ここのところは全然教えられていない。こういう現状なんです。

「現代社会」というのがございます。これは公民という教科の中の「現代社会」という科目なんですがこれは今、私たちが討論していることが全部書かれている。この科目の存在すらほとんどの方々は知らないのではないかと思います。最近まで私も知らなかったんです。このシンポジウムに来るために準備をしたおかげで、私も随分、これは勉強になりまして、この話をもう少し後で議論したいと存じます。

橋本　ありがとうございました。

私たちは、どうしても国連というと、安全保障理事会で米英と仏ロ中が対立している。そういうイメージ、ニューヨークの国連本部。あとはいろいろな形で貧困撲滅、エイズ撲滅のために実践しておられる人というイメージなんですけれども、まず最初に、国連というのをどう考えたらいいかというときに、国連にはいろいろな活動が、さまざまな顔があるんだということを確認しておく必要があると思うんですね。

ちょっとおさらいになるかもしれませんけれども、佐藤さんに、一体、国連というのは何をどのぐらいのことをやっているのかということを、元国連大使として、ちょっとわかりやすく最初にご説明願いたいなと思います。

佐藤　ご質問に答えるためにも、私が国連の全てを知っている訳ではないということから申し上げなければいけません。

私がニューヨークに行きます前に、国連に詳しいマスコミの人から言われたことがあります。国連には二つの姿があって、一つは現場で働いておられる方々の世界。まさに今、村田さんや弓削さんが言われたような世界。もう一つは、ニューヨークで各国政府の代表が協議ばかりしていて、何をやっているのか分からない世界。あなたの行くのは後者だから気をつけなさいといわれた。

先ほど村田さんが言われたこととの絡みなんですけれども、ニューヨークの国連で他の邦人職員の方々と話していますと、現場に近い方ほど目が輝いている。ニューヨークにだけいる方の目は腐っているとまでは申しませんけれども、ニューヨークの仕事は現場に較べておもしろくないという方も多かった。

さらに、同じ国連関係の仕事でも、世界の色々なところで行われている。ジュネーブには人権委員会もありますし、経済関係のこともありますし、ローマにも農業関係のことがあったりとか、世界各地でいろいろなことが行われています。ですから、ニューヨークで仕事をしてきた私は国連のごく一部しか知らないということになるのです。

国連は今、世界の出来事のほとんどすべてにかかわっているのではないでしょうか。政治と安全保障の関係は安全保障理事会が中心になって取り扱っていますけれども、先ほど村田さんが指摘されたような環境問題から、人口問題、女性の問題、貧困に起因するいろいろな問題等について、国連が主催する特別総会を軸にしながら、物事が進んでいる。その時々の国連の議論を聞いていますと、何も進んでないような気もするのですけれども、五年、十年という単位で取ってみますと、少しずつですが、こうした問題に対応する仕方についての国際社会のコンセンサスが積み上げられてきている。これも一つの国連の世界です。先程

それから、アナン事務総長を頂点とする事務局やいろいろな国連関係機関も大いに働いています。

のお話にあった通り、健康の問題ではＷＨＯが中心になりまた、例えばアフガニスタンの内戦後に子供を学校に戻すという仕事はユニセフがやっていますし、弓削さんがさっきおっしゃったように、内戦後の現場の特に復旧復興から国づくりに至る過程では、ＵＮＤＰが中心になっていろいろな機関をまとめていくということをやっています。このように、我々を取り巻くあらゆる問題について、国連は何らかの形でタッチしていると申し上げたほうがよろしいんじゃないかと思います。

橋本　わかりました。

先ほど弓削さんから、平和と安全保障の問題と、それから経済社会の開発の問題、これはもう密接に関連し合っていると。確かにそうだと思うんですね。いろいろな貧困、それが背景となって、紛争の大きな原因になっている。そうすると貧困をなくさない限り、民族の紛争はあるわけですけれども、紛争の根もとを断ち切ることができないという問題がありますよね。

先ほど安井先生から、副学長の役割分担として、平和と統治のプログラムと環境と持続可能な開発と二つ、分かれていると。ここをやっぱり、どうやって統一したらいいのか。どうやって今やっているのか。関係し合っているものを一体どういうぐあいに両方をうまく調整し合いながらやっているのか。その辺はどうなんですか。

開発活動を紛争予防の視点からとらえる

弓削　ありがとうございます。この二つの柱の両方に包括的に取り組むことが重要です。先ほどもお話がありました時系列的な流れとしては、紛争予防があり、予防ができなかった場合は紛争になってしまう。そうすると、紛争終結のためにどういう支援をして、紛争後は、緊急人道援助を行って、それがだんだん開発援助に移っていくという過程があります。そこでは、以前よりも、いろいろな国連機関がもっと柔軟的に対応しています。主に、緊急人道援助を行っていた組織は、それが終わったときに支援をストップしないで、開発援助という中期的・長期的な支援も行います。同時に、ＵＮＤＰのような組織は、平和が訪れてから援助するということが従来の役割だったのですが、それでは十分ではないということで、緊急援助の時点から支援を始めています。このような形で、継ぎ目のない援助を行うために、それぞれの国連機関がもう少し自分たちの役割を広げて活動しているということがございます。

それからもう一つ、先ほどおっしゃった紛争予防が非常に重要であるわけですが、これは難しいところでもあります。紛争予防により力を入れなくてはいけないという意味も含め、アナン国連事務総長が、「反応の文化」から「予防の文化」に移行しなければいけないということを、数年前に言っております。

紛争予防の中にはいろいろな要素があるわけですが、開発活動を単に開発を促進するということだけではなく、すべての社会開発、経済開発活動を紛争予防の視点からとらえるということをしなければなりません。これはＵＮＤＰも、最近力を入れて行っておりますし、ほかの国連機関もやるようになってきております。そうしますと、単に貧困削減、また農村開発などということだけではなく、どういう民族がそこに住んでいるのか。例えば二つの違う民族が住んでいて、緊張関係にあるのかどうか。どういう開発を進めれば、緊張感が緩和するのか。それとも、緊張感がより高まってしまうのかということを配慮しながら、開発活動を進めるということが重要ですので、これをすべての開発活動の中に一つの要素として入れていくということをやっております。

例えば住居の建設というときにも、一つの民族だけではなく、二つの、今まで対立関係にあった民族が一緒に住宅の建設をやる。また、一つの民族が住んでいるところで、それを一緒にやったら、もう一つの民族が住んでいるところでも一緒にやるというような形で、和解や紛争予防の視点から開発活動を形成していく。開発活動を実施する場合にも、その視点から見ていくということは非常に重要なことでありますし、この過程で、国連機関が協力していくということでございます。

わかりやすい例として申しますと、以前、地球サミットの後では、すべての開発活動を環境というレンズを通して見るということが行われて、環境分野のプロジェクトでなくても、環境にどういう影響を与えるか、環境保全にどういうふうにつながるかということで見る。その後は、ジェンダーの視点をすべての開発活動に盛り込む必要性があるということで、単なる開発、また貧困削減活動ということではなく、このやり方で進めていくと、ちゃんと女性も恩恵を受けるのか、それとも女性は恩恵を受けないで、主に男性の生活が改善されるということになってしまうのかと。これも国際社会でのいろいろな国際会議で合意されたことが現場の活動に反映されるという一つの例なわけです。

平和と安全保障と開発とがつながっているという中で、紛争予防により力を入れる必要があるということです。これは日本政府もＯＤＡ（政府開発援助）の中で、より紛争予防に力を入れる必要があると思いますし、国連機関もそうですし、国際社会全体が、そのような取り組みをする必要があると思っております。

橋本　村田先生、先ほどのアパルトヘイトにしても、この二つがきちんと密接に関連し合わなければ、ほんとうに問題解決にならないという平和と安全保障の問題と開発の問題をどういうぐあいに考えられますか。

村田　ちょっと弓削さんに補足する形になるんですけれども、紛争予防というのは一番人気がないんです。これはインフルエンザの予防接種みたいなものでして、打ってきくか、きかないかわからないけれども、打たないと、罹ったときにひどくなるよというたとえは、私は正しいと思うんです。予防は一番効率的で、そして効果的な政策というのが理解していても、なかなかそれに対する資金が集まらないとか、合意が得られないとかということで、国連のシステムが苦悩しているフィールドです。

どうしてもメディアというのは人道支援にかたよりがちで、人が死なないと、また子供がガリガリになっているのをテレビに映さないと、どうも感情的に訴えられないというのがありまして、かえって人道支援のほうにお金が集まります。人道支援をやればやるほど、支援国の依存度を高めるという可能性もあるわけです。メディアの方々も、これは大変重要な役割を占めていると思うんですけれども、やはり予防ということに関して、まだ認識が非常に低い。これは産業国も同じです。

これに関して言えば、私たちが進める一つの、私の場合は教育ですけれども、そういった方向から、予防というものの大切さというものをまず第一に考えて、構築していかなければいけないと考えます。

もう一つは、グッド・ガバナンスという分野のことですが、以前は国連は政治的に中立であるということで、あまり政治的には敏感なところにはタッチしなかった時代がありました。最近、これが大きく変わってきたのは、やはりムラパ学長もおっしゃっていましたけれども、その国の管理体制のキャパシティー、それを高揚すると同時に自国の国民の参加を包括的に促していかないと、その国の発展はあり得ないということで、政治的な意味での人道的な干渉（インターベンション）と申しましょうか、そういう形での国連の動きというのがだんだん目立ってまいりました。それは平和と復興、そして紛争予防という新しいパラメーターが出てくるわけです。

非常に複雑で、かつ難しい問題に私たちは直面しています。

橋本　安井先生、先ほど副学長の任務の分担のことをお話しいただきましたけれども、その辺を学問的に国連大学としてはどういう風に融合、調整していくのかお聞かせ下さい。

安井　はい。必ずしもまだ融合が進んでいるというわけではないのでありますが、やはり同じような観点で、ものを眺めています。特に我々が環境と持続可能な開発をやって、どの辺が紛争の種になりそうかというのをあらかじめ見つけ出す。例えば今、我々が注目している一つが水管理です。

例えばメコン河というのは中国に源流があって、それで下のほうに流れていくわけでありますが、そういうときに、上流で全部、ダムをつくられてはまずいわけですね。しかし、メコン流域というものは一体、どのぐらいの水量があって、どのぐらいの使われ方をしていて、どんなことがあり得るか。例えば気候変動が温暖化であったときに、そこの流量は将来どうなるのか。そんなようないわゆるサイエンスデータに基づいて、将来、この水争いが深刻になるか、ならないかみたいなことを念頭に置きながら少し解析をして、その結果みたいなものを、もう一人の副学長がやっておりますピース・アンド・ガバナンスというほうに持っていって、一体これはどうやるんだろうみたいなことをですね。まだ実際には今は初期段階でございまして、なかなかうまくいってないんですけれども、そんなことを目指して、向こう数年間、一緒に水はやろうねという話になっていたりします。

エネルギーも多分、同じようなことがあって、エネルギーとイラク紛争なんていうのは多分、きょうはあまり述べないほうがいいのかもしれませんが、おそらく切っても切れないようなことがあって、おそらく世界中に、そういった紛争の種みたいなものはいくらでもあるだろうと、そういう見方で、いろいろ見出そうとしている状況です。

安保理改革と常任理事国

橋本　国連の今の姿、いろいろなさまざまな顔があるということを皆さんにお話ししていただいたんですけれども、何といっても、さっきの川口さんの講演にもありましたけれども、国連改革の最大のポイントは、安保理をどういうぐあいに改革したらいいかという問題です。だれもが機能不全に陥っているということは、もうこれは認めているところです。一体、この隘路をどうやって解決していったらいいのか。日本はどういうぐあいにかかわっていったらいいのか。日本は、改革した国連の中で何をすべきなのかということも含めて議論したいと思います。

まず、日本はなぜ安保理の常任理事国にならなければいけないのか。佐藤さんは、ずっとこれまで力説なさっている。ということで、まず佐藤さんから口火を切っていただきたいと思います。

佐藤　日本がなぜ常任理事国にならなければいけないのかという質問に答えることは、私にとっては簡単なことでして、安全保障理事会は、世界の平和と安全にかかわる一番大事な役割を担っている組織ですし、日本は国連の経費の二割近くを払っている状況にありますから、国際政治の一番大事な場所で発言権を持とうということです。私は国際政治上の問題について発言権を持つという、その一点で、日本は常任理事国入りを目指すべきだと思っています。

ただ、その前になぜ安全保障理事会を改革しなければならないかという問題があり、これについては二つの視点から見る必要があると思います。一つは、今おっしゃった最近の機能不全の様な事態が起きないように直していくこと。もう一つは、安保理事会の構成そのものが古くなっているから、それを直していこうということの二点です。

その内で、具体的な議論が進んでいるのは後者だと思うんです。なぜ前者の、機能不全をなくすために安保理改革をしようということについての議論が進んでいないかといいますと、機能不全の原因が常任理事国が持っている拒否権にあるからです。

拒否権の問題は難しく、私自身、拒否権を完全になくすことが良いことかどうかについてはよくわからないところがあります。というのは、安全保障理事会の十五カ国の中での多数決だけで責任のある決定ができるのかという疑問があるからです。というのも、安全保障理事会はその時々のメンバーの組み合わせによって、政治的な志向が変わるからです。

ちょっと具体的なことをお話しします。安全保障理事会にアジアからは二カ国入っているのですが、二年前はその組み合わせがシリアとパキスタンだった。今はパキスタンとフィリピンで、来年（二〇〇五年）から、日本が入りますから、二〇〇五年にはフィリピンと日本という組み合わせになります。アジアからフィリピンと日本が入っているときと、シリアとパキスタンが入っているときを較べて、例えば北朝鮮の核兵器の問題を議論する時の雰囲気の差は歴然としています。例えばシリアは北朝鮮からのミサイルを買っている国だと言われていましたし、パキスタンはもしかしたら北朝鮮からミサイル技術を手に入れるかわりに、核開発の技術を提供したのではないかと言われている国。その二つがアジアの代表というか、アジアから選ばれた国として入っているときと、日本とフィリピンが入っているときでは、安全保障理事会の議論は随分違ってくると思うのです。

このこと一つをとってみても、安全保障理事会の決定は多数決で良いと言いきれない。民主主義の問題一つをとってみても、世界の国々のレベルがそろっていませんから、拒否権はほんとうに要らないのかということについては私は、はっきりとした答えを持ちあわせていません。

他方で、常任理事国が持っている拒否権が機能不全の原因になっていることは事実です。イラクの問題に限らず、例えば中国は、九九年のことですけれども、マケドニアに展開されていたPKO部隊の期間延長問題で、拒否権を発動しました。その直前にマケドニアが台湾と外交関係を樹立したからだと多くの国が考えています。あるいは、あれだけ人が死んでも、チェチェン問題が安保理事会にかからないのは、拒否権を持っているロシアが国内問題だと言っているからなんですね。

イギリスは、最近はあまり拒否権を使いませんが、アメリカはイスラエルを守るために拒否権を使います。フランスの姿勢も一貫していません。イラク問題についての安保理の公開討議でフランスの外務大臣は、武力行使のためには必ず安保理の決議が要ると言いましたが、その時からたった四年前の一九九九年に、ＮＡＴＯがコソボの和平をめぐってユーゴスラビアを爆撃したときには、安全保障理事会にかけないで武力を行使した。安全保障理事会に持っていけば、ロシアか、中国が拒否権を発動するだろうと思われたからですが、いずれにせよ、その時の安保理事会にかけないというＮＡＴＯの判断にフランスも同調していたわけで、私はイラク問題についてのフランスの大臣の演説を聞きながら、四年前のフランスの行動に照らして言い過ぎではないかなと思っていました。

いずれにせよ、常任理事国は拒否権をかなり恣意的に使っています。だから、それを何とか抑制したいというのが世界の多数意見です。しかしこれはできない。ある程度の抑制は、これからの持っていきようでできるかもしれませんが。

なぜできないかといいますと、安全保障理事会を改革するための国連憲章の改正にも、今の常任理事国は拒否権を発動することができるからです。国連憲章の改正には加盟国の三分の二の賛成と批准と、常任理事国のすべての批准が要ります。不愉快なことですけれども、そう決まっているんです。ですから、今の常任理事国の拒否権を制限するということは、よほどの工夫をしていかなければできない。まして、それをなくすということは、おそらく中国も含めてみんなが反対するでしょう。ですから、それは仮にそれが理想であっても実現できません。

今、百九十一の加盟国に、拒否権がないほうが良いか、あったほうが良いかと聞いたとしたら、百八十六対五にはならないかもしれませんが、圧倒的多数の国は拒否権は民主主義的でないからやめたほうがいいと言うと思います。しかし、五つの常任理事国のうちの一つがノーと言ったらこれは実現できないので、安全保障理事会の機能不全の最も大きな原因である拒否権問題をどうするかということから改革しようとしても、その展望はなかなか開けてこないだろうと思うのです。

他方でもう一つの、安全保障理事会の今日の構成が古すぎるという問題は多くの国が考えていることです。数字の話をして恐縮ですが、一九四五年に国連ができたときの加盟国の数は五十一。そのときの安保理事会は十一カ国でできていました。五つの常任理事国と六つの非常任理事国。それが一九六三年に非常任理事国の数だけ、四つ増やすことにしました。この決定が各国の批准を経て実行に移されたのは二年後の六五年からですが、決定がなされたのが六三年で、そのときの加盟国数は百十二だったのです。ですから、加盟国数が五十一のときの非常任理事国の数は六で、百十二になったときに十にした。それから四十年が経って、今、加盟国数は百九十一に達しています。しかし、この四十年間に非常任理事国の数は増えていません。ですから常任理事国になろうと思ってもなれない多くの国にとって、非常任理事国になる機会がどんどん減ってきており、これが安全保障理事会の構成を変えたい、非常任理事国の数を増やしたいという大きなエネルギーになっています。

もう一つは、先ほどもちょっと触れましたけれども、今の常任理事国がすべて、第二次世界大戦が終わったときの戦勝国か、その後継国であり、かつ、戦後六十年たった今、例えば国連の分担金一つをとってみても、日本がフランス、イギリス、ロシア、中国の四カ国の支出額の合計よりも多く払っているような状況で、現在の常任理事国の構成は国際社会の現状をよく反映していないので、このままにしておくのはよくないという議論がある。あるいは途上国の間でも、途上国の代表を常任理事国に入れるべきだという意見もある。そういう意見を背景にして、常任理事国と非常任理事国の双方を増やす形で組織の拡大をはかろうという意見が高まっている。

さらに、先進国から常任理事国になるだろうと想定されている国、例えば日本のような国について、拒否権を云々する意見はあまりないのに対して、途上国から選ぶ常任理事国に拒否権を与えることについては反対論が多いという問題があります。そこで将来、拡大の問題が一定の方向にまとまるとしても、新しく常任理事国になる国の拒否権をどうするか。その際先進国と途上国の間に区別ができるのか、できないのかといったことが一番取り扱いの難しい問題になってくるだろうと思われます。

そこで最初の話に戻って、安全保障理事会の改革ができるなら、日本としては、絶対に常任理事国入りをして発言権を確保すべきだと私は思うのですが、国内で議論していますと、常任理事国入りをして何をするんですかといった質問を受けます。私は、そういう質問をされる方は、日本は常任理事国入りすべきではないと思っておられる方ではないかと思っているのですが、とにかく国際政治の中では、どんな問題についてでも発言権を持つことが大事なので、その一点に絞って、私は、日本は常任理事国入りを目指すべきだと思っています。

ただ、いずれにせよ、今申し上げたような状況ですから、安保理改革の実現には時間がかかると私は思います。ただ、日本のような国が旗を振っていかないと改革は先へ進まないという感じがしていますので、日本は安保理改革の旗振りをすべきだということを主張しているわけです。

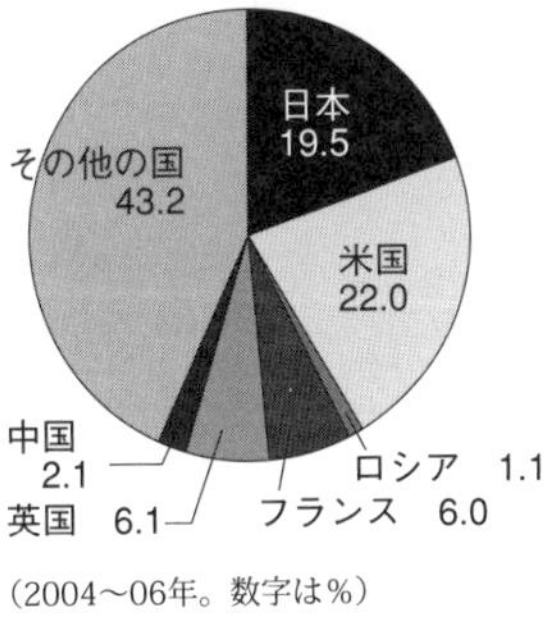

日本と５常任理事国の
国連分担金負担率

ハイレベル委員会報告

橋本　ハイレベル委員会というところが、十二月二日とも言われているんですけれども、常任理事国を拡大するか、あるいは常任理事国ではないけれども、準常任理事国という形でやるか、どちらにしても増やすという方向で、おそらく報告書が出るんでしょう。問題は、それが一体どういう形で、これから、その報告書が出てから改革への道が進むのかどうか。

先ほどお話しになりましたけれども、日本の常任理事国入りに対し、ほんとうに五つの常任理事国が心の底から賛成しているかといえば、あまりそうは思えない。ここはしかし、お金をいっぱい払っているんだということをテコに、いろいろなことをテコにしなければいかんでしょうけれども、そこの見通しは、これも佐藤さんにお聞きしたほうがいいと思いますので、いかがでしょうか。

佐藤　あまりしゃべり過ぎてもいけないんですが、数点申し上げたいんですが。

今おっしゃられたハイレベルパネルについて私は、そこでどんな結論が出てこようとも、安保理改革の内容を決めるのは加盟国だということを強調したいと思います。そもそもハイレベルパネルはアナン事務総長に報告を出すのでそれを受けたアナン事務総長が、国連加盟国に対して提言を出すということになります。それでも安保理改革はアナンさんが決める問題ではなくて、加盟国が決める問題ですから、ハイレベルパネルの役割は、安保理改革のための議論を前に進めるための一つのきっかけをつくるということに尽きるのではなかろうか。もちろん、途上国を中心に、アナンさんの影響力はある程度ありますから、アナンさんの意見を聞いて考えをかためていこうという国もあるとは思いますが。

今ちょっと言われた「準常任理事国」みたいなものをつくるろうというハイレベルパネルの意見については、エコノミスト誌の報道で読んだだけですが、英語で言えば、「ノンスターター」だと私は思っています。もしハイレベルパネルがああいう結論を出してくるんだとしたら、私としては失望を禁じ得ない。

失望を禁じ得ないというのは、日本の見地からではありません。そもそも、アナンさんが、ハイレベルパネルをつくろうとした大きな理由の一つは、二〇〇三年三月のイラク問題をめぐる安全保障理事会の機能不全で、その原因は、先ほど触れましたように英米対仏ロの対決だったわけです。ポイントは拒否権を持つ常任理事国の間で意見が合わなかったことで、そのことに何も触れないで、安全保障理事会の将来について、第二のカテゴリー理事国（準常任理事国）をつくるという考え方は、的外れだと思います。ですから、パネルのメンバーの一人である外国の友人から意見を聞かれ時に私は、準常任理事国を作るという考え方は「ノンスターター」だと申し上げました。そうは言っても、この案はパネルの報告に出てくるかもしれませんが、安保理改革のための妥協案をつくるのは加盟国の責任で、ハイレベルパネルの人には、もっと理想的な、国連本来のあり方を踏まえたことを言っていただきたいと思います。

その上で、来年の国連創設六十周年は、安保理改革を進めるための一つのきっかけだと思っています。還暦とは言いませんけれども、やはりこの機会に、改革を前に進めるようにすべきだと思います。

また数字の話をして恐縮なんですが、今年の国連総会での安保理改革についての議論を聞いていて少し力づけられた話があります。私が国連におりましたころの安保理改革の議論の一つの焦点は、常任理事国と非常任理事国の双方を増やすか、あるいは非常任理事国の拡大だけで良しとするかという二つの主張の対決だったのです。非常任理事国だけの拡大で良いと言っていた国々の中心はイタリアとパキスタン。イタリアは、ヨーロッパからドイツだけが新しい常任理事国になることは絶対反対。当時のイタリアの大使が私に、「第二次世界大戦の主要敗戦国である日独伊三国のうち、日本とドイツだけが常任理事国になって、イタリアがなれなければ、イタリアにとっては第二の敗戦。だからそんなことは認められない。日本がなるのは良い。しかし、ヨーロッパからドイツだけがなるのは受け入れられない」と言っていました。私も「自分がイタリアの大使だったら同じことを言うでしょう」と言いました。このイタリアと、インドの常任理事国入りには絶対反対というパキスタンが組んで、「コーヒークラブ」というグループをつくって、何とか常任理事国の拡大を防ぐか、あるいはその決定を延ばそうとしており、しきりに非常任理事国の拡大だけで良いということを言っていた。

安保理改革の議論には、これまでにもいろいろな山がありましたが、その一つが、西暦二〇〇〇年のミレニアムサミットのときで、そのときに私は現場におりましたけれども、その時の議論の焦点は常任理事国と非常任理事国の双方を拡大するか、非常任理事国の拡大だけにするかだったのです。

先程数字の話と申し上げましたのは、そのときの意見の分かれ方についてでして、百八十八カ国のうち、九十八カ国が常任理事国と非常任理事国の双方を拡大することに賛成と言い、同じ百八十八カ国のうち十五カ国が非常任理事国だけの拡大で良いと言ったのです。それが今年になると、百九十カ国のうち百十三が常任理事国と非常任理事国の双方を拡大すべきだと言って、非常任理事国だけの拡大で良いと言ったのは九カ国にとどまった。一方で常任理事国と非常任理事国の双方を拡大すべきだという意見は増えて、非常任理事国だけの拡大で良いと言う国の数が十五から九に減った。私は、この最後の部分が非常に大事だと思っています。実は二〇〇〇年の段階で私は、国連総会で常任理事国と非常任理事国の双方の拡大か、非常任理事国だけの拡大かの対立には勝負がついたという演説をしたのですが、今度のことで勝負はますます決定的になったと思うのです。

ですから、どういう形式を取るかは別として、六十周年の機会にこの点を確認しておくことだけでも一つの前進ではないかと思います。

私は、安保理改革は一歩一歩進めていくべきで、全てを一挙に解決するのはなかなか難しいのではないかと思っています。私は最近の現場を知りませんから間違っているかもしれません。また、新聞報道を読んでいますと、日本政府も含めて、一挙に解決する道を採りたいという意見もあるようですから、あるいはその可能性もあるのかもしれません。その意味で、(安保理改革には時間がかかるという) 私の判断が間違っていることを期待していますけれども、いずれにせよ、私個人としては今申し上げたように、常任、非常任の双方の議席を拡大するという意見が非常に強まってきて、非常任理事国だけの拡大で良いという意見が非常に減って、一けたになってしまったことを大事な前進として受け止めて、そのことを六十周年のときに一つ確認しておいたらよろしいんではないかと思います。

橋本　弓削さんと安井さんは、お立場上、この問題についてはちょっと言いづらいところがあるでしょうから、村田先生はいかがですか。

ハイレベル委員会報告書骨子
▽国連憲章五一条（自衛権）は拡大解釈すべきではない
▽安全保障理事会は拡大する
▽常任理事国六カ国増（拒否権なし）と準常任理事国八カ国新設の二案を提示
▽国連憲章の旧敵国条項は修正

村田　佐藤大使が政治的な観点から分析されました。常任理事国になる、ならないという観点ではなくて、日本は、やはり経済社会理事会においてもリーダーシップを発揮してきたという事実がございます。その事実をやはり基本に据えまして、安保理のほうへ向っているということを私は強調したいと思います。どうも安全保障理事会の話になりますと、そこだけしか日本は焦点を当ててないというイメージが先行してしまっている。やはり経済社会の開発分野、そういったところでの実績があって、そして加盟国のサポートを得た上で、安全保障理事会の交渉に臨んでいるという押さえ方というか、とらえ方のほうが私は正しいんじゃないかと考えております。

もう一点ですけれども、一九八〇年代には、安保理改革のみならず、私はフィールドにおりましたので、直接にはもちろん関与しませんでしたけれども、国連内部の改革。これは効率性だとか、ひょっとしたらむだが多いのではないかとか、そういったときにも、日本の政府は非常に力強いリーダーシップを取った時代がございますし、今でも国連内部のことに関しては非常に強い発言権を持っております。

もう一つ、国連のニューヨーク本部以外に、これは分担金でございますが、国連総会で創設されたUNDP、UNFPA、UNHCR、これは拠出金で運営されていまして、こういうところには、要は成果があがらない機関にはお金を払わないというようなボランタリー・コントリビューションのシステムが存在します。そこでは日本のサポート（支持）は非常に増えている事実もございます。

誤解のないように一つ、枠組みを決めたいんですけれども、安保理というものだけを見るのではなくして、安保理につながる一つの布石と申しましょうか、それは経済社会分野での日本のリーダーシップがあって、今の状況があると私はとらえたいと思っております。

主要機関の役割整理が必要

弓削　一言、それに関連してなんですが、安全保障理事会の中での画期的な動きとしては、二〇〇〇年にＨＩＶ／ＡＩＤＳについて安保理でディスカッションが行われたということです。それまでは安保理というのは国の安全保障の問題を扱っていたのですが、ここで開発問題、先ほどの二つの柱のもう一つの柱について安保理が扱ったということです。

安保理が平和・安全保障・政治問題だけではなく、開発問題も扱うということになると、経済社会理事会との関係はどうなるのか。少し重なりが出てくるのではないか。安保理改革といったときに、常任理事国という課題以外に、役割分担を考えなければならない。どこまでの範囲を安全保障理事会がカバーして、その改革に関連して、経済社会理事会の役割が何であって、国連総会の役割が何であるのかというように、国連のほかの部分にも関係してきますので、安保理だけを改革というのは狭い見方だと思うんですね。

ですから、大きなマクロの視点から、だんだん狭めていきますと、今の国際社会でどういうことが課題になっているのか。テロなどの新しい脅威があって、そういう課題に効果的に対応できる国連とはどういう国連であって、どういうふうに以前と役割が変わってきて、その中での安保理の役割はどうであるべきか。経済社会理事会の役割はどうあるべきか。そして国連総会はどういう役割を果たさなくてはいけないかという、国連の主要機関の間の整理というのも必要だと思います。

そういうふうに言っていると、非常に難しく、問題が大きくなって、余計、改革が行われにくくなってしまうんじゃないかという見方もあります。それと関連して、日本は、安全保障理事会に関しては、今までの政府開発援助の成果ですとか、平和構築のリーダーシップ、これにはアフガニスタン、スリランカ、イラクなどが含まれますが、こういう面でも自分たちはリーダーシップを取っているから、安保理の常任理事国になれるということを、ますます強くアピールすることが重要だと感じています。

橋本　なるほど。いや、私なんかも、要するに二割近くも払っているのに、イラクの問題のときも何ら発言力がない。これはどう考えたって変だと。だったら、一度ぐらい「払わないぞ」と尻をまくれと言ってきたんですが、佐藤さんは、いや、そうじゃない。ちゃんと経済社会理事会なんかで、日本の意見は尊重されているんだ。だから、だんだん支持が広がっているんだとおっしゃる。

ただ、その経済社会理事会も、先ほど川口補佐官が、何を改革するかという一つの大きなテーマとして、経済社会理事会も果たしてうまく機能しているんだろうかという問題もあるんだとおっしゃってましたね。要するにこれからうまく両方が機能を果たすようにするかということと同時に、経済社会理事会もほんとうにちゃんと機能しているのかと。この問題もありますよね。そこはいかがですか。

佐藤　これは私の印象というよりも、国連の中での意見ですけれども、「機能していない」というのが多数意見だと思いますね。

たしか五十四カ国でしたか。メンバーの数が多過ぎる上にメンバーでない国でも議論に参加できるような仕組みになっていますので、議論が収斂しない。こうした点はこれまでも問題点として指摘されてきましたが、それでよしとしてきたところもあったと思うのです。また、それでいいのかもしれません。

ちなみに、人権委員会も経済社会理事会の下ですが、人権委員会は、かなりの働きをしている委員会だと思います。

それからもう一つ。先ほどドイツの常任理事国入りには反対していたイタリア大使が経済社会理事会の議長をやっておられるころに始められたことですが、ＩＭＦ、世銀等の、いわゆるブレトンウッズ体制の機関との対話が始まっていますし、安全保障理事会との対話も、限られた形ではありますが行われています。

安全保障理事会と経済社会理事会が協力して、紛争後の国の復旧復興などについては経済社会理事会もかんでいく形になることが理想なのかもしれません。ただ、今のような、議論はするけれども、結論を出しにくい、コンセンサス中心の運営では、大きな問題についてテキパキと動くことは出来ないんだろうと思います。ですから、経済社会理事会を直していくとすれば、決定をして動けるようにすることが大事だと思います。

ただ、そこで考えなければいけないのは、国連は途上国の意見に耳を傾けることが大きな役割ですから、経済社会理事会の持つ途上国の苦しみを吸い上げる場としての役割を維持することも、それはそれで意味のあることかもしれません。

橋本　安井先生、少し大きな立場から、国連の組織全体もそうですけれども、これを国連大学で、いろいろな形で研究されているんですか。

安井　実際には、国連の組織そのものについての研究はやっていないですね。

むしろちょっと別の話になって恐縮かもしれませんけれども、国連組織は二種類、違った種類があるのはご存じかもしれませんけれども、国連大学というのは実を言いますと、いわゆる先ほど議論になっています二〇％の分担金からお金を受け取っていない。要するに、みずからの基金と日本政府がダイレクトに毎年サポートしてくれているのが大体三割ぐらいですかね。本部に関しては。それで動いている機関なんですよ。ですから、ちょっとニューヨークとはやや距離がある機関であることもあって、あまりダイレクトには、そういうことはやっていないんですね。

ですから、先ほどの二〇％の分担金を日本がたまには払わないのもいいじゃないかと。それも確かに、そういう考え方もないわけじゃないのかなと思いますけれども、やはり先ほど来のお話がありましたように、安保理だけが国連ではない。しかも、ほかの国連機関というのは分担金すら受け取っていない。分担金からの資金を受け取っていないで活動している機関もあってということを、ぜひ日本の方々にお伝えいただきたいと思います。

橋本　国連を強化するためにどうしたらいいかというので、安保理の改革について、経済社会理事会についてのお話がありましたけれども、一番最初に村田先生から、日本の教育のあり方も問題だという問題提起もありましたよね。それも含めて、一体、我々は何をすべきなのか。国連との関係で、幻想を持ってはならない。しかし、その存在はやっぱり必要だろう。そういう中にあって、私たちは何をすべきなのかということに移っていきたいと思います。

では、村田先生から行きますか。

国連システムを多元的に活用するために

村田　それでは、そろそろ暴言を吐きたいと思います。

ちょっと昨日、日本の国益というのを国連に照らし合わせまして考えてみまして、統計を調べてきたんです。日本が石油を途上国に依存していることはもちろんでございますけれども、水産物、その資源の輸入をちょっと見ますと、これは大変な統計結果が出てまいりました。私もこのシンポジウムに参加することによって勉強できましたけれども、サケ、マスというのが自給率が五〇％ないんですね。輸入しているのが五七％なんです。チリ、ノルウェー、アメリカ。シシャモにいたりましては九四％輸入しているんですね。これはノルウェー、アイスランド、中国。サバは三二％。ノルウェー、デンマーク、韓国。エビ、これは九〇％輸入しているんです。インドネシア、インド、ベトナム。タコにおきましては六六％。おもしろいことに、これはモロッコ産が六六％中の四五％。ということは回転寿司に行きますと、おそらく二回に一回ぐらいはモロッコ産を食べているのではないだろうかと。ウニは六〇％です。

こういうふうに見ていきますと、もっと切実なのは、穀物の日本の自給率は二四％で、アイスランドに次いで第二番目でございます。この自給率で米を見てみますと九二・八％。この辺はみんなわかっていると思うんですけれども、小麦は一一％です。トウモロコシにおきましては、九九・九九％を輸入しております。ということは〇・〇一％しか自給がない。また大豆は五・七％の自給率しかない。

ということを考えてみますと、日本という国は、途上国やほかの産業国にも大変依存している国だという認識がまだ私たちにはないんではなかろうか。その意味で多角的に、やはり国連システムを多元的に活用する外交政策の構築と、そういった管理文化と申しましょうか、思考文化と申しましょうか、まだ私たちには欠落しているんではないかと考えるわけです。

そのときに、それでは、日本のＯＤＡの内訳で、それは歳出の一・七％ですけれども、その二四％に国連の予算を払っているわけです。一・七％のうちの二四％。大体それを国民一人当たりに換算しますと、一年間で一人大体二千円なんです。二千円は高いですか、安いですかの問題ではなくて、このくらいで日本の国益を、国連システムを通して多元的に構築できますかということなんです。このキャンペーンは、教育者である私たち、それからメディアの方々にも、これは大いにやってほしいんです。

こういうことを言うのは私もちょっと気持ちが引けるんですけれども、先ほどの「世界史Ｂ」、もう一回見ていただきますけれども、これは必須なんですけれども、国連のことをあまり書いておりません。半ページ。一ページないんです。ブレトンウッズに関しては三行。こういう状況で、日本の若い人材を、これから育てようというときに、根本的に難しい。

この「現代社会」、今、私たちがディスカッションした内容が書いてあります。不思議なものですね。これが必須にならないんです。学生に私がインタビューをやりますと、これを教える教師が少ないと同時に、これが受験の必須にならないために勉強しませんというのが答えでした。

逆に考えれば、これ（「現代社会」）が大学受験の必須になると、みんなが勉強するわけです。これ（「世界史Ｂ」）を要はオプション（選択）にする。これは佐藤大使に頑張ってもらって、文科省にかけ合ってもらいたいぐらいなんですけれども、現実を知らずして、やはり国民の意識というのは高揚できないです。

佐藤　ちょっといいですか。

村田　反論ですか。

佐藤　いや、そうじゃなくて、とても力強い発言だと思っています。ただ、もっと悪い話をしておかないと。（笑）

実は私も、このセミナーとは関係なく、うちの研究員に日本の中学校、高等学校で国連についてどういう教え方をしているのかを調べてもらったんです。今おっしゃった「現代社会」について十三種類の教科書で調べてもらったんですが、国連改革について意見を書いているのは七つ。日本の常任理事国入りの問題について触れているのは十三のうち五つ。国連改革にも、日本の常任理事国入りの問題にも一切触れていないものも五つ。ですから、「現代社会」といっても、全部が立派なわけではないんですね。国連についての教育の現状は問題だと思います。

村田　ありがとうございます。

佐藤　再来年（二〇〇六年）は日本の国連加盟五十周年の年です。一九五六年十二月十八日に、日本は国連に加盟した。先ほどおっしゃったように、多くの方は国連創設の日から日本が加盟していると思っておられるかもしれませんが、そうではない。そこで今、国連協会の皆さんと一緒になって、二〇〇六年を国連をもう一回考える年にしたい、各地で、地元のご協力を得て、国連を考えるシンポジウムみたいなものを開催したいと考えています。私も知事をお訪ねしたりして、ご協力をお願いしていますがこういう催しを通じて、教科書における国連の扱いも含めていろいろな問題を総ざらいして、国連を現実的な視点に立ってもう一度考え直すことができれば良いと考えています。

そういう意味で、今、村田さんのご意見も大変心強いと思って伺っていたんです。

橋本　弓削さんは、先ほどの話では、二十三歳のときから、こういう国連の組織にかかわりを持たれている。おそらく、きょう出席されている方も、自分もそういう形で国際的な国連の活動に参加したいと思っておられる方も来ておられるんじゃないかと思うんですね。かねて日本人の国連職員の数というのはなかなか増えない。これでは金だけをやっているという話ではないのかというぐあいに批判されている。じゃ、一体、この辺をどうしたらいいのか。これはなかなか大変な問題ですけれども、ご経験から、その辺はどういうぐあいに考えたらよろしいんでしょうかね。

国連職員志願者に支援策を

弓削　はい。二十三歳から始めて、実は間に二回国連の外に出ておりますので、連続してではないんですが、国連でのキャリアを続けております。

長い間、分担金ですとか、いろいろな面での日本の国際社会の地位に比べて日本人の職員が国連の中で少ないということは問題になっております。傾向としては徐々には増えているんですが、増え方がまだ非常にゆっくりだということで、いろいろな支援や努力が必要です。それから政府、大学、国連機関、民間企業、NGOも含めまして、いろいろなパートナーの協力が必要だと思うんですね。

具体的な例としましては、UNDPと日本政府とは、五年前に、日本人増強のリクルートメント・アクションプランを合意いたしました。日本政府とUNDPとが協力して、どういうふうに日本人職員を増やすことができるかということで、毎年、日本人だけを対象とした採用ミッションをUNDP本部から日本に送るということが合意されました。これが毎年過去五年間行われていまして、来年もまた、それが続きます。三年間のアクションプランを一回更新して六年の計画です。これは結果が出ています。というのは、毎年、このミッションが来るたびに五、六人、日本人が増えていまして、そのほかの採用者を足すと、継続して増えています。これは一つのやり方で、ほかの国連機関も行っていますので、こういう採用のチャンスがあるということです。

それからもう一つは、少し後押しをするということが必要です。ギャップがあるんですね。つまり国連側が求めている人材と、国連職員になりたい、これは特に若い方が非常に多いわけですが、そこの間にギャップがあるのです。それは知識のギャップであるとか、専門性のギャップ、また適格性のギャップであるとか、情報のギャップとか、いろいろなものがあって、それらのギャップをどういうふうに埋めていったらいいかということなんです。

今、応募してくる方々のプロフィール、それから、どれだけ適格かということを見ていますと、ほんとうにとても優秀な方がどんどん増えていて、いろいろな点でもうちょっと後押しをしたら合格する。そして国連職員になれるという方が多いんですね。ですから、そういうギリギリの線にいながら、合格線のすぐ下にいるから不合格になっている人たちを、どうやってちょっと上げてあげるかということの中で幾つかの支援策があるんです。

一つは、どういう試験であるかを知ること。履歴書の書き方から始まって、どういう面接であるかを知るために、模擬面接を通じて準備するということができます。私自身も面接官として、多くの人を面接したことがあるんですが、履歴書を見ると、全部条件がそろっているのに、あの三十分の面接の時間で何をどうアピールしていいかわからない方が多い。どういうことを聞かれるかわからないのでどういう準備をしたらいいかわからない。日本とは非常に違うスタンダードで面接をされるということが事前にわかっていて練習していれば、多分合格するという方たちがすごく多いというのは私が面接官として感じたことなのです。ですから提案として、模擬面接を一回ならず、二回でも、三回でも行う。そうすると本番の面接をするときには、かなりの練習ができていますから、それで合格率が高まる。このような支援が必要です。

二つ目として、合格して国連に赴任する前に、オリエンテーションのような研修も必要です。国連での違う仕事のやり方は、日本の組織だけにいるとわからないこともあります。幹部職であればたとえば、初日から会議の議長を務めなくてはいけないということもあります。国連機関ならではの仕事の進め方や職務上の要請に備えた準備をするための支援も必要ですね。

三つ目として、今日は大学におりますので、大学、大学院の教育をどういう形で国連職員になりたい志望者のために合わせていくかということです。もちろん全部ではないですけれども、そういう人たちがどういう準備をしたら、より国際機関に就職するときに、いい条件、いろいろな要素がそろっているかということも含めて、大学の教育改革までは行かないかもしれませんが、そのような状況がわかっている方を教員として迎えるということで、人材の循環ということとしても非常にいい取り組みではないかと思うんですね。村田先生がここにいらっしゃいますが、国連職員として勤めた人が大学の教員になって、次の世代の国連職員を育てるということが重要です。また、その反対の方向の人材の交流もあります。

それから、最近の国際協力のキャリアというのは、ある組織にずっといるということではなく、例えば日本政府にいらっしゃった方が国連職員となり、その人が今度は大学の教員となって日本に戻り、それからまたＮＧＯに出るというようなことです。一つの組織に入ってずっと続けるキャリアではなく、どんどん循環するということで、そのような過程の中で、日本人の国連職員も増えていくということもあると思います。

橋本　では、後継者をお育てになっている村田先生。

村田　日本には国際機関で勤め得る人材がいるか、いないかというのが、よく議論になりますけれども、私は、有能な人材はいると思うんです。それはジュニアのレベルでも、中堅でも、シニアでもおられると思います。そういう方々が、そういう機関に出向なり何なりして、それが日本におけるキャリアのプラスになるような管理文化がないんですよ。

あいつは国連にいたからと、異端児扱いされて、変人だとか、奇人だとかと言われて。以前は私もそういう扱いを受けましたけれども、今、それは過去の話なんですけれども……今も受けていますか。（笑）わかりませんけれども、要はユニークな人材が、どうしても国際機関では必要になってくるわけです。素直で、かわいくて、意見のはっきり言えない、日本的にはかわいい人材というのはなかなか受けない。ただし、日本の管理文化で、国際機関に出向したり、そこに出ることによってキャリアのプラスになるというふうなとらえ方をされていないのは、非常に、特に幹部職員の候補になられる方は寂しい限りですね。

大学教育なんですけれども、やはり国連をトレーニング・インスティテューション、訓練する場所ととらえて、インターンシップ等々というのがございますので、当大学としては、UNボランタリーとの提携をやりまして、現在、スリランカ、モンゴル、ベトナムに五カ月間、人材というか、将来、国際機関で働けるような人材を、学部学生の時点から訓練している次第でございます。

あとは、英語を教えるのではなくて、英語で教える。私たちは何十年も英語を勉強しているんですが信じられないぐらい下手ですよ。(笑)

私、ブータン王国にいましたので、あそこはゾンカ語と英語、二カ国語が公用語です。幼稚園の子供でも二カ国語をしゃべれます。私たちは今、途上国、いろいろな国々に依存していて、世界の共通語がしゃべれないという非常にユニークな、マイナスのイメージのグローバル・シチズンになってしまった。ところで、英語を教えるんじゃなくて、英語でこれからは教える。そういった環境づくりにも励まなければならないと思っております。

橋本　安井先生、最後に、日本には国連大学もあるわけですからね。もっともっと増えていいはずなんですね。

安井　おっしゃるとおりだと思います。語学の問題というのは非常に大きいことは大きいんですけれども、ただ、どうもやはりほんとうに求められていることは語学じゃなくて、やっぱり何をしゃべるかだと思いますね。ですから、語学はそこそこ聞いてくれる程度の語学力があれば、あとは人間の魅力といいますか、考え方といいますか、そういうことで聞いてくれることはあるように思います。

そのためには、せっかくいろいろご指摘がございましたけれども、どうも日本人は、日本の文化で、あまり主張しないというのをかわいさでもって、日本国内向けの人間ができちゃっている。

それからあと、日本という国は、実を言いますと非常に特殊な国で、環境問題なんかにしてもそうなんですけれども、日本の環境問題というのは、世界で唯一と言ってもいいぐらい、変な国なんです。そういう変な国であるということを十分に知りつつ、すなわち世界を十分に知りつつ、なおかつ、何て言うのかな、日本はここまで進歩してきましたから、もはや自分たちのわずかな生活の改善じゃなくて、世界全体で、地球という全体の上で人間がどう生きているかみたいなことをゆったりと眺めて、それをほかの人にしっかり伝えられるようなインテリジェンスが育ってもいい国だと思うんですよ。

そういう国と、それから日本の伝統の文明文化ですね。その辺とを十分に組み合わせることによって、おそらく世界の人々にとって非常に魅力的な日本人の発想みたいなものをつくるということを、語学も重要なんですけれども、そういうことの教育をぜひお願いしたいと思います。

私もぜひ、そんなことをやりたいと思っていまして、教育も、環境に関しましては、二〇〇五年一月から、持続可能な開発のための教育の十年という国連のプロジェクトで、ＵＮＤＥＳＤという名前なんですが、それが始まりますし、日本国内で一体どういうふうにやろうかなと。今、連携をどうやって取るかなみたいなことを考えておりますが、いずれにしても、あらゆる意味で我々は教育を基本としておりますので、いろいろな多面的な立場をもって教育がなされることを期待しております。

橋本　ありがとうございました。

ＮＧＯと国連との関係、あるいはいろいろな企業との関係も議論していただきたいなと思っていたんですが、なかなか時間がなくて、ちょっと中途半端な形になるかと思いますけれども、この辺でおしまいにしたいと思います。

【著者紹介】（役職は開催時のもの）

◇川口順子（かわぐち・よりこ）
首相補佐官。通産省入省、地球環境問題担当審議官などを務め、退官後、サントリー常務、環境庁長官、外相などを歴任。

◇佐藤行雄（さとう・ゆきお）
日本国際問題研究所理事長。外務省入省。香港総領事、情報調査局長、北米局長、オランダ大使、オーストラリア大使、国連大使などを歴任。

◇村田俊一（むらた・しゅんいち）
関西学院大学教授。UNDP でウガンダ、スーダン、モンゴルなどで勤務。ブータン常駐代表などを務めた。

◇安井　至（やすい・いたる）
国連大学副学長。東大工卒。東大教授、東大国際・産学共同研究センター長、全国産学連帯センター協議会長などを歴任。

◇弓削昭子（ゆげ・あきこ）
国連開発計画（UNDP）駐日代表。UNDP 本部で中国などを担当。タイ、インドネシアで勤務。ブータン常駐代表を務めた。

◇ルクツォ・ヨゼフ・ムラパ
アフリカ大学学長。ジンバブエ生まれ。米ハムライン大卒。コーネル大助教授、ジンバブエ大社会学部長などを務めた。

◈橋本五郎（はしもと・ごろう）
読売新聞東京本社編集委員

※このりぶれっとは、二〇〇四年十一月十七日、東京・青山学院大学にて開催された青山学院、関西学院合同シンポジウム「国連の将来と日本の役割」の記録を補正したものです。

K.G. りぶれっと No.8
青山学院・関西学院合同シンポジウム
国連の将来と日本の役割

2005 年 4 月 15 日初版第一刷発行

著　者　川口順子／佐藤行雄／村田俊一／安井至／
弓削昭子／ルクツォ・ヨゼフ・ムラパ
発行者　山本栄一
発行所　関西学院大学出版会
所在地　〒 662-0891　兵庫県西宮市上ケ原一番町 1-155
電　話　0798-53-5233

印　刷　協和印刷株式会社

Printed in Japan by Kwansei Gakuin University Press
ISBN 4-907654-74-X

http://www.kwansei.ac.jp/press

関西学院大学出版会「K・G・りぶれっと」発刊のことば

大学はいうまでもなく、時代の申し子である。

その意味で、大学が生き生きとした活力をいつももっていてほしいというのは、大学を構成するものの達だけではなく、広く一般社会の願いである。

研究、対話の成果である大学内の知的活動を広く社会に評価の場を求める行為が、社会へのさまざまなメッセージとなり、大学の活力のおおきな源泉になりうると信じている。

遅まきながら関西学院大学出版会を立ち上げたのもその一助になりたいためである。

ここに、広く学院内外に執筆者を求め、講義、ゼミ、実習その他授業全般に関する補助教材、あるいは現代社会の諸問題を新たな切り口から解剖した論評などを、できるだけ平易に、かつさまざまな形式によって提供する場を設けることにした。

一冊、四万字を目安として発信されたものが、読み手を通して〈教え―学ぶ〉活動を活性化させ、社会の問題提起となり、時に読み手から発信者への反応を受けて、書き手が応答するなど、「知」の活性化の場となることを期待している。

多くの方々が相互行為としての「大学」をめざして、この場に参加されることを願っている。

二〇〇〇年　四月